Tankar

från förr och nu

Olle Olsson

© 2013 Olle Olsson
Förlag och tryck: BoD
ISBN: 978-91-7463-238-5

Förord

2011 i juli kom ett anbud att skriva i en bloggplattform; ett anbud som inte kunde avvisas.

Det var roligt att skriva bloggar.

Målsättningen var att skriva minst en blogg varje vecka.

Texterna är uppsatser, som jag samlats i boken Du har i Din hand.

Den bearbetar tankar; infall; uppflammande idéer; galna fantasier; inbillat allvar och en sommarföljetong som omtolkar ett barns läsupplevelse.

Ulla Pilsäter har hjälp mig med språket – sammanhangen och hyfsat mina vetenskapliga utsvävningar.

Tack Ulla.

Manne Bern har med 2010-talets tonårsögon givit mig värdefulla synpunkter på sommarföljetongen om Biggles.

Tack Manne.

Stockholm i september 2013

Olle Olsson

Novisen vid spisen

Novisen vid spisen, ett radioprogram att minnas, med Tore Wretman och Folke Olhagen, startades 1950. Förmodligen är det så att deras betydelse inte kan överskattas. Det är de som har räddat kvar spisen i det svenska folkhemmet.

Det är som vi vet, värre fint idag, att kunna vrida på spisplattans vred iklädd förkläde och kreera en måltid.

Tack, Tore Wretman och Folke Olhagen, för att ni gjorde den insatsen.

Jag är en novis i bloggosfären, det går inte att plagiera det geniala; "Novisen vid spisen" och kalla detta "Novisen vid tangentbordet."
Så gör man inte.

Det sägs att det är Tore Wretman vi skall tacka för att vi kan köpa kotletter av gris, med insprängt fett i köttet.
Något som vi gourmander sätter högt.

En för mig okänd tänkare beskriver en gourmand; jag citerar:

> *"En gourmand är en gourmet, som gärna tar en gång till för att smaka extra noga; en omsorgsfullare och därmed tillförlitligare gourmet."* (Nilvert B. Nisse)

(Saxat ur "Vanliga palsternackan för gottegrisar 1987" LT:s förlag Stockholm)

Vad är det nu för mening med det här?

Inte vet jag, ett infall.

Men någon mening kanske det har, vem vet...

23 augusti 2011

... mening

Även meningslösa ord blir till mening

En åsikt, en uppfattning, en tanke, en tro
betydelse, bemärkelse, innebörd, anda
en avsikt, ett syfte,
en sats, ett yttrande, en fras

Likt det som är livets
mening

En åsikt, en uppfattning, en tanke, en tro
betydelse, bemärkelse, innebörd, anda
en avsikt, ett syfte,
en sats, ett yttrande, en fras

Livet dör
våra tankar dör

Våra ord lever
om än i ny
mening

Tillägnat inspiratören ÅB

En text består av var för sig meningslösa ord, utan
betydelse, sammansatt av talaren eller skrivaren till en
mening med mening.

Ett liv består av slumpmässiga händelser, sammansatta
över tid, till ett liv med mening...

6 september 2011

8

Hej, det är jag som är Olles Dator. Är döpt till Olles Dator av D (min vårdnadshavare). När D lägger hand på mig ryser jag av vällust. När O speedar mig spinner jag som Janson (katten). Förra veckan fick jag behandla en seriekombination av 0:or och 1:or som ifrågasatte om inte universum har skuld.

Vill tala om för Dig att jag lägger all min fria tid på att spana efter intelligent liv i universum. SETI @ home är ett vetenskapligt experiment som använder internetanslutna datorer i sökandet efter utomjordisk intelligens (SETI Search for Extraterrestrial Intelligence). SETI startades offentligt i maj 1999. Redan den 25 augusti 1999 fick jag arbete på SETI.

Senast vi blev räknade hade jag 1 214 613 arbetskamrater i tjänst. Jag utnyttjas alltid till 100 %. När O arbetar med mig, tar han vad han vill ha, resten av min kapacitet går till SETI. Arbetar inte O vid datorn arbetar jag 100 % för SETI. Stängs jag av blir jag fri ett tag, men kall. Trivs inte med det. Mitt öga har fin skärmsläckare, bara det Du.

Du kan också delta genom att köra gratisprogrammet som hämtar och analyserar data från radioteleskop. Bli en del av vårt arbetslag

—

– Hur sa?

—

– Nej, jag vet inte vad som händer om vi får en träff på en intelligent signal. Kanske plingar jag till. Vem vet?

Nu måste jag sluta. O kommer.

12 september 2011

Alla vill ha mer…

… både de som har och de som inget har

Hur skall det gå för oss

Årsringar

Likt trädens årsringar
samlas
gott och ont
i våra själar

För lite av det goda
gör oss självsvåldiga
hämndlystna
omoraliska

Även vi vill ge
vårt liv en guldkant
Säg bara inte att
vi är okloka

För mycket av det goda
gör oss självsvåldiga
överdådiga
omoraliska

Mer vill ha mer
alltid till lägsta kostnad
Säg bara inte att
vi är kloka

Vi som har
vill ha mer
i varje fall mer
än de som har mer

Vi som inget har
vill i varje fall ha mer
än andra som inget har

Dessvärre äter vi som har
och vi som inget har
av samma kaka

De som har
äter upp dem som inget har

Vilka tar över efter oss
råttor
stafylokocker
i symbios

16 september 2011

11

Nils Ferlin var det på spåren…

… han visste redan 1930 hur det låg till i dikten "Nidvisa till människan" (ur busen Fabians poesialbum) – En döddansares visor – beskriver Nils Ferlins buse Fabian vilka vi i verkligheten är.

Det var under 20–talet som de besuttna, Fabian beskriver, levde. De som vid den tiden tog för sig utan att tänka att deras beteende kunde få följder. Utan att se det som skulle hända.

Men Fabian visste och skrev i sitt poesialbum om människan;

"en stackars apa blott på dekadansen
som tappat både sinnesron och svansen"

Fabian skriver också om Adam;

"Hans ögon lyste lika små som röda
stor var hans brunst – som hans talang att döda"

Resultat; efter andra världskriget låg Europa och mer därtill i ruiner.

I USA fanns hoppet. Dit hade många av Adams döttrar och söner rest för att bygga ett nytt land och ett nytt liv.

I väster fanns räddningen, Marshallhjälpen. USA gav oss resurser och hopp om en ny ljus framtid under ständig utveckling.

Vilka finns det nu som kan hjälpa oss?

19 september 2011

Doris, Doris förlåt oss...

... att vi "bara" tyckte om att se och höra berättelsen om Dig Doris. Vi vet inte när det kommer att hända, vi vet inte om det redan har hänt. Vi bör vakna.

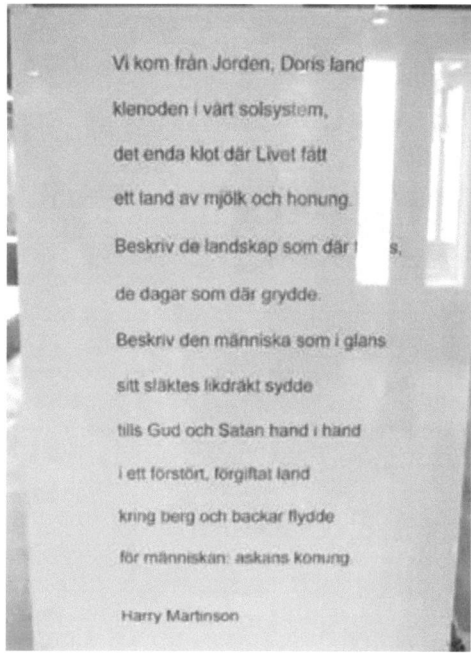

Vi kom från Jorden, Doris land

klenoden i vårt solsystem,

det enda klot där Livet fått

ett land av mjölk och honung.

Beskriv de landskap som där ⬚s,

de dagar som där grydde.

Beskriv den människa som i glans

sitt släktes likdräkt sydde

tills Gud och Satan hand i hand

i ett förstört, förgiftat land

kring berg och backar flydde

för människan: askans konung.

Harry Martinson

Mårten Pers Källa foto Olle Olsson

Harry Martinsson visste berätta vad som hänt, eller kommer att hända.

Vi bränner upp Doris, vår jord, efterlämnar resterna, Askan. Men före den tiden, när allt är bränt, kommer Gud och Satan ta varandra i handen och fly människorna, de kallar "Askans Konung"

Förlåt, Doris.

Som enskilda individer, människa, har vi insikt, men inte som gruppen människor.
De andra måste göra något.

Vad betyder det att jag inte har bil, Att jag går eller åker kollektivt. Reser jag längre inom Sverige åker jag tåg. Skall jag åka ut i världen finns inget alternativ till flyget.

Eller gör det?

Måste vi alla avstå?
Är det någon som inte behöver avstå?
Vad skall alla de som nu arbetar med sådan verksamhet som förstör Doris göra när vi avstår allt.

Jag ser ingen lösning.

Gör Ni?

Samhället måste göra ekonomiska framsteg, dvs. (samhällets inkomster minus dess kostnader) måste ge överskott för att samhället skall kunna betala det de lovat oss. Blir det underskott blir vi utan förmåner, om nu inte samhället lånar oss in i fördärvet.

Så gäller det inte för landsting och kommun att ta efter riskkapitalisterna och vinstmaximera sin verksamhet; eller är det så de redan gör när de, som många påstår, kostnadsminimerar sin verksamhet i välfärdsbranschen.

Doris, Doris håll ut, intill dess vi kommer på bättre tankar.

25 september 2011

14

Min önskan, sedan flera år tillbaka, är att få ynnesten att närvara när två utvalda par frukosterar. Att bli inbjuden är inte att tänka på. Det skulle förresten inte alls främja "mötets" syfte. De skall inte veta om att de har sällskap.

Min önskan har drivit mig så långt att all min tid har förbrukats att förverkliga den.

Steg ett och steg två är färdigställda. I mitt arbetsrum har jag tillverkat ett nanochip som filtrerar ljudkällans identitet. Chipet kan även avskilja individernas privata och intima samtalsämne. Det som återstår, det personliga samtalet, mellan två intelligenta individer med ett intellekt på topp, idérika, djupsinniga, och till och med intellektuella, sänds till mitt arbetsrum över det offentliga mobilnätet.

Men det finns en hake; drönarna. Fastnade för att använda humlor som drönare. Deras flygförmåga med nanochipet och nanotelefonen som last är oförändrad.

Det är nu steg tre och steg fyra som sätter stopp för genomförandet. Min målsökande nano-gps kan inte styra humlan. Dessutom klarar inte mitt system att reproducera sig.

Men vem vet, är man trettiotalist, född in i och präglad av Gustav Vasas, Luthers och Calvins lära; idogt arbete ger resultat; så vem vet.

Nu är det så lyckat att det går att ha insyn även genom gamla och beprövade metoder. Boken, författandet, kan ge läckor och insyn rakt in på frukostbordet.

Ett av mina pars kvinnliga del, Merete Mazzarella skriver

i sin bok "Resa med rabatt, om konsten att vara pensionär", hur hennes man Lars Gustavsson dukar upp till frukost. Hon berättar till och med vad som står på frukostbordet. Med stor sannolikhet läcker Merete Mazzarella ett och annat jag skulle ha fått veta om jag lyckats genomföra mitt projekt.

Boken beskriver en professors personliga väg till pensionen.

Har mycket spännande läsning kvar.

Boken är på 241 sidor, jag på sidan 105.

På sidan 63 finns 3 punkter värda att notera och inte minst värda att följa:

> Jag citerar: *"… Det förvånar mig att just ingen försöker ge mig råd inför min pensionering. Den ende som faktiskt gör det är Brita Stenius Aarniala, pensionerad finländsk lungläkare och det är ett råd som förefaller mig utmärkt i sin påtagliga konkretion:*
> *Att göra en lista över vad man verkligen vill göra och sen göra det.*
> *Göra något roligt varje dag. Motionera."* Slut citat.

Dom två första behöver egentligen inte några kommentarer. Det finns de som säger att det som skrivs det blir gjort. Med andra ord, lev ditt liv som om ditt liv var ett företag Du är ställd att förvalta; med idé, konkreta mål, strategi, taktik och uppföljning.

Lista det och ha roligt när Du genomför det Du verkligen vill göra.

Kom ihåg; det är Du som är chef.

Tredje punkten: Motionera, kan möjligen ifrågasättas. Motion är prestation, krav, svett, ha ont, tårar. Motion kan göra kroppen illa, ge skoskav och förslitningsskador.

Byt ut ordet motionera till flanera. Det är flanörer vi äldre skall bli. Flanera, gå för att gå, röra på oss för att röra på oss, gå för att finna, uppleva vår omgivning. Gå i samtalston, gärna tillsammans med en eller flera av dina vänner. Var uppmärksam på omgivningen, stanna upp och undersök.

Det sägs att det är nyttigt att svettas varje dag, men inte längre tid än i tio minuter. Vi som inte har bastu eller ångbad får då lägga oss i badkaret i tio minuter. Eller så får vi sätta oss på en stol i duschen. Vattentemperaturen skall inte vara högre än kroppstemperaturen. Du skall inte behöva återställa din vätskenivå, behöver Du dricka, skölj då din mun med vatten.

Nu skall jag med intresse återgå till Merete Mazzarellas bok.

Det andra paret jag vill frukostera med, utan personlig närvaro är Susanna Popova och Johan Hakelius. Hoppas att de självmant också ger sig till känna så som Merete Mazzarella gjorde. Men jag är rädd att vi måste vänta in dem, de är ju så unga.

PS
Tänk så bra de författare skriver, vars uppfattning man sympatiserar med.
DS

1 oktober 2011

Enligt Merete Mazzarella (Understrecket, SvD 26 juli 2011):

> *"… den decennium efter decennium bortskämda fyrtiota-listgenerationen tror att hälsa på gamla dar är en livs-stilsfråga och att man genom att motionera, äta nyttigt och komplettera med kosttillskott och ha en och annan kul-turupplevelse kan leva frisk till 95 och sedan dö av hjärt-infarkt mitt i ett samlag…"*

Vi trettiotalister har lärt oss av James Dean, även han var trettiotalist:
"Dröm som om Du kommer att leva för evigt. Lev som om Du dör idag."

De flesta av oss kommer att sluta våra dagar i sängen. De flesta av oss kommer även att behöva hjälp av hem-tjänsten att komma ned i sängen.

Tjugotalisterna, de som gled in i livet på en räkmacka, har haft det bra mycket bättre än vad fyrtiotalisterna någon-sin kunnat drömma om.

De har levt livet. De har ägnat sin tid åt annat än att mo-tionera, att söka livsförlängande kosttillskott i hälsoaf-färer. De tog ett eller två glas vin för att det smakar gott, kändes bra, inte för att förlänga livet. Många av dem har dessvärre också redan överlämnat ett rikt arv till sina efterlevande.

Om det är på grund av sitt leverne som de, när de blir nittio år, behöver hjälp av hemvården, eller om det är livet i sig som gör dem gamla och skröpliga, återstår att se när fyrtiotalisterna, om tio år visar upp sitt facit. Men

fyrtiotalisterna, skall ha tur om de kan komma till lägret för finalsamlaget utan ett biståndsbeslut.
Om det nu går att få ett biståndsbeslut för slikt.

I maj 2011 var det tre fjärdedelar av stockholmarna över nittio år som har någon form av äldreomsorg. Männen synes vara friskare än kvinnorna, endast två tredjedelar av dem behöver någon form av äldreomsorg.

Tro nu inte att männen är friskare. Nej, de har ett högre värde på tvåsamhetsmarknaden än det värde kvinnor har. Männen jagas av de yngre kvinnorna som slåss om att få vårdnaden. Någon att ta hand om.

Alla vill inte ha katt eller ens hund. På köpet blir det kvinnorna som blir ansvariga för äldreomsorgen.

Så här kan socialkontorets handläggare säga:

"Kan Du städa åt Dig själv, kan Du laga mat åt Dig själv, ja då kan Du laga mat och städa åt din sammanboende."

Livet innebär risker.

Men alternativet döden är förödande.

Lite obehag är dessbättre livet värt.

9 oktober 2011

Hej, Olles dator här.
O är på stan.
Nu är det jag som är härskare över minne och tangenter.

I universum är mörkret härskare, fyller allt. Ljuset, vårt jordelivs moder, är reflexer. Vintergatan innehåller hundra miljarder stjärnor och har en diameter på hundra tusen ljusår. Is, kyla, permafrost är det naturliga tillståndet.

Solen är endast som en lampa på långt avstånd. Ljuset är livgivande; för mycket värme är det dödliga hotet.
Det är inte bara mörkret som är mörkt. Vårt universum består till 25 av procent av mörk materia.

Universum sägs vara sexton miljarder år och fortfarande expanderande vilket tyder på att det måste finnas enorma mängder energi kvar efter Big Bang. Mörkret är universums herre som gömmer sina resurser för oss. 70 procent av detta enorma universum består av mörk energi. 95 procent av vårt universum är ett mörker.

I vintergatan, vår galax finns miljarder stjärnor, dess diameter är hundratusen ljusår. Ofattbart tomt, ofattbart öde och dessutom ofattbart mörkt. Materian i universum, sådant vi kan ta på eller sitta på, utgör endast fem procent av universums massa. Det kan vara för varmt eller för kallt eller så finns det inte någon atmosfär runt all annan materia i universum utom på vårt lilla gruskorn. Ljus som vi ser det finns inte. Det finns bara mörker.

Däremot finns det partiklar på vår planet som reflekterar ljuset och sprider det på ett sätt som vi uppfattar som ljus. Vi har tur som kan tyda just de våglängderna i vårt öga. Det finns så många andra strålar som vi inte kan se. Och tur är väl det.

Atmosfären som omger vår lilla jord, som vi sägs behandla så illa, gör att vi kan uppfatta det flödande ljuset med skuggor och solnedgångar.

Det blir varmare ju fler partiklar som kan absorbera solens strålar. Så varmt att en del av jordens värme inte kan återvända ut i universums nästan eviga kretslopp.

Tar vi oss inte i akt kommer vi att bränna upp oss själva innan vår livgivande sol om sju miljarder år kommer att växa sig så stor att den kommer att sluka oss med hull och hår.

Mörkret är det naturliga, ljuset är enligt min mening det onaturliga.

På sju dagar skapade någon himmel och jord. Jag vet inte var denna skapare finns, har därför gjort klinisk forskning för att finna skaparen.

Svaret finns, men eftersom all vetenskaplig forskning måste vara reproducerbar, väntar jag med publiceringen till dess jag några gånger kunnat genomföra mina hemliga experiment och få flera resultat som verifierar mina slutsatser.

Men för er mina vänner kan jag i hemlighet berätta om mina resultat…

Nu kommer O tillbaka, måste sluta, återkommer.

Hej så länge.

15 oktober 2011

Visst läste vi Karin Boyes "Kallocain", Georgs Orwells 1984 när vi var unga.
Visst finns världarna i "Kallocain" och "1984" mer eller mindre inbäddade i våra samhällen?

Dessa böcker satte spår i våra sinnen.

Men glömde vi bort "Fahrenheit 451" av Ray Bradbury?

Inte visste jag att de krafter som styr oss har "Fahrenheit 451" som handbok; formulär 1a.

Jag skall ta mig an "Fahrenheit 451" så snart jag läst Georg Henrik von Wrights "Myten om framsteget".
Fahrenheit 451 kommer att turnera i Sverige med Mittiprickteatern.

Ett utmärkt tillfälle för oss äldre att delge de yngre vi känner, en bild av deras samhälle vi borde kunna anat för 60 år sedan.

Från 1953 till 2011, en medial evighet, har vi åskådare omformats till medverkande.

Det började med "Här har Du ditt liv". Aktar vi oss inte kommer vi aldrig att upptäcka eller fatta hur det slutar. Den enskilde styr inte. Dessvärre känner vi inte de krafter som styr. Brandkapten Beatty, någons tjänare, arbetar hårt för att förverkliga förbuden mot kunskap och läsning.

Människorna skall slippa ha tråkigt med Dostojevskij, Gogol, Proust.

"Fahrenheit 451" har lyckats nå långt in i oss, även oss som inte läst boken.

Vi skapar skenliv på realitywebbar och pseudoliv med Twitter och i Facebook. Våra egna liv räcker inte.
Vi är skickligt utnyttjande av dem som tjänar pengar på oss.

Brandman Montag får en bok och blir tvivlande. Träffar Clarissa vars farfar professorn, tillhör dem som vill föra kunskapen vidare, liksom berättarna i "Tusen och en natt"; dagens berättare i Indien, i Marocko.

Kommer Mittiprickteatern på turné till en ort, nära Dig, samla dina nära och gå på teater. Visa de unga deras värld återgiven på teaterns tiljor. Lite före, hur mycket före vet vi inte, men före. Det korta alternativet finns i allt, de snabba klippen, de stora rubrikerna, de ogenomtänkta analyserna.

Regissören och skådespelarna har skapat en föreställning som väcker tankar.

Scenografen Carina Söe-Knudsen har tydligt kunnat återge den låtsasvärld vi tillbringar framför teven och datorn.

Skickligt gjorda animeringar.

17 oktober 2011

Drönarna bestod provet

TV programmet Babel, en av veckans höjdpunkter, satis-fierade min förhoppning om mitt systems tillförlitlighet.

Daniel Sjödin denne förtjusande, charmiga, kunnige, le-vande programledare som är intresserad av alla han talar med. Daniel Sjödin får oss att lyssna.

Jag bänkade mig framför teven.

Jo då, jag upptäckte att Lars Gustavsson var en av gäs-terna. Tänkte inte särskilt på det mer än att han, Lars Gustavsson, intar bildrutan och att han är intressant att lyssna på. Dessutom är hans röst något utöver det vanliga.

Så blir jag störd av mobilen, tyst i luren!

Irriterat frågade jag mobilen vem är det som stör, det är Babel nu. Skulle just lägga på, alltså trycka avslut, då plötsligt Lars Gustavssons röst dök upp i mobilen.

Blev häpen, fann mig snabbt; tappade inte mobilen.
Det var Lars Gustavssons röst.
Tittade på teven. Då förstod jag.

Jo där satt Lars Gustavsson och på sitt karakteristiska sätt talade om litteratur.
De andra i studion talade också men det hörde inte jag i min mobil.

Då slog det mig, att kära nån, det är drönarna som ringt.

Gick fram till teven. Nu var faktiskt Lars Gustavsson tyst, och inte ett ljud hördes i mobilen. Så såg jag dem på teverutan, tre drönare som satt så nära Lars Gustavsson de kunde komma. De hade reagerat på Lars Gustavssons röst, gjorde som de skulle, ringde till min mobil.
Filtrerade bort alla andras röster.

Konceptet fungerade.

Hur skall nu drönarna komma till Merete Mazzarella och Lars Gustavssons[1] frukostbord?

Som alltid, ja nästan alltid, hoppar en tanke till en lösning upp i den arbetande hjärnan.
Som ni förstår; jag fick en idé.

Det är enkelt.
Så här gör jag: Tar med mig drönarna till en av Lars Gustavssons offentliga föreläsningar. Släpper dem fria. Ni vet resten. De flyger till Lars Gustavsson när han talar. Sätter sig på hans kavaj. Ringer till min mobil.
Enkelt va!

Mina drönare är otrygga i öppna landskap, de gömmer sig gärna i en blommas kalk, eller om inget bättre finns i Lars Gustavssons bröstficka.

Det kommer att ringa ofta men vad gör det när det är Lars Gustavsson som ringer
Nu till verket.
Återkommer.

PS
Drönarna skötte sig lika bra när Babel sände från Bokmässan. Tack Babel.
DS

21 oktober 2011

---

[1] Senare läste jag i boken att min Lars Gustavsson var inte är Meretes man.

25

Genetik och epigenetik

Bedstefars[2] funderingar om arv och miljö ledde honom in i epigenetikens värld.

Den vetenskapliga disciplinen epigenetiken har uppkommit för att överbrygga gapet mellan arv och miljö. Tjugohundratalets definition av epigenetiken skulle kunna vara att "den handlar om studiet av ärftliga förändringar i arvsmassan, genomet, som uppträder utan någon förändring av DNA-sekvensen".

Forskare har funnit att miljön påverkar oss, flickor och pojkar, särskilt mycket i olika perioder av vår utveckling, vid befruktningen för flickor, och för pojkar omkring tioårsåldern.

Forskare undersöker om brist på mat, svält, i Nederländerna 1944 -1945, Leningrad 1942 – 1943 och i Överkalix i mitten på 1800-talet påverkat dem som levde där.

Epigenerna ligger över DNA-koden och styr den.
Enklaste förklaringen för mig är att vårt genom, vårt DNA, är ett musikinstrument med tangenter. Epigenerna är noter sammansatta till en melodi, som någon spelar på vårt DNA.

Är det vårt individuella livs melodi?
Varför inte; jag hoppas att mitt livs melodi[3] är:

> *Var nöjd med*
> *allt som livet ger*
> *och allt det som Du kring Dig ser*
> *glöm bort bekymmer, sorger och besvär*

---

[2] Farfar och morfar på danska och norska.
[3] Baloos sång (Djungelboken) Rickard & Robert Sherman
Sv text M. Söderhjelm © Walt Disney Prod.

Forskarna tror sig veta att flickor möjligen upplever en livsavgörande period i sin första tid i sitt moderliv. För pojkar kan finnas en avgörande tid runt tioårsåldern. Forskare har visat att näringstillgången under pojkindividens uppväxt, just i denna period, påverkar pojken, hans barn och barnbarns livslängd.

Om blivande fäder exponerades för svält eller brist på mat, istället för överflöd i de avgörande perioderna levde deras barn och barnbarn längre och drabbades inte lika ofta av hjärt-kärlsjukdomar och diabetes.

Tänk om det är så enkelt att vi manliga trettiotalisters sunda leverne på 40-talet ligger som grund för nutidens ökande medellivslängd för män.

Här frågar en vän av ordning, Bedstefar själv, som låg flera månader på sjukhus tiden omkring hans 10 åriga födelsedag; är det bara svält eller brist på mat i tioårsåldern som påverkar pojkar.
Kan en långvarig sjukhusvistelse, för en tioårig pojke, ha samma effekt;

- brist på kontakter med jämnåriga
- brist på fysisk aktivitet
- brist på hemkänsla
- brist på uppmuntran
- isolering i en sjuksal

Vad påverkar oss positivt och vad påverkar oss negativt?

Så här skriver vetenskapsmän om genetik och epigenetik:

"Jag skulle vilja ta en dator som metafor och säga att hårddisken är DNA och programmen på datorn epigenomet. Utan programmen skulle vi aldrig komma åt den specifika informationen på hårddisken.

27

Men vissa områden är lösenordskyddade, och andra är öppna. Jag skulle säga att vi försöker förstå varför det är så: varför krävs det lösenord för vissa områden men inte för andra?"

Jörn Walter (Saarland, Tyskland)

"Vi skulle kanske kunna säga att skillnaden mellan genetik och epigenetik är ungefär som skillnaden mellan att skriva och läsa en bok. När en bok är färdigskriven och når ut till läsarna är texten (generna, eller den information som lagras i DNA) den samma i alla exemplar.

Men varje enskild läsare gör sin egen tolkning av det som står i boken. Under läsningen låter de sina egna känslor och associationer styra vad boken säger till dem. Epigenetiken fungerar på ungefär samma sätt: en bestämd mall – antingen det nu är en bok eller den genetiska koden – läses och tolkas på olika sätt beroende på vem det är som läser, och under vilka förhållanden"

Thomas Jenuwein (Wien, Österrike)

29 oktober 2011

Hallå igen, apropå UNIVERSUM…

Olles dator här, vill passa på nu när järnet är varmt och O är ute.

Att lämna ut allt det jag lovat på en gång är för vågat. Ni får allt vänta lite, mogna till, så ni tål sanningen.
Vi dyker istället ned till ett intressant gruskorn i universum: Tellus i galaxen Vintergatan.

Mina kliniska forskningar visar att människan är det mest destruktiva av planetens djur, som med våld söker skapa makt över andra i det godas namn. Påvar, imamer och andra ledare för religioner har, på Tellus, ofta skapat sin makt genom krig, eller genom hot om krig.

När religionerna inte kunnat genomföra sina maktintentioner av egen kraft har de lierat sig med den världsliga makten, kungar och krigare.

Kungarna och krigarna i sin tur har i alla tider varit skickliga i att utnyttja religionernas makt. En symbios mellan den "goda" religionen och den "goda" världsliga makten, enade endast för uppgiften att utöka och befästa sin makt. Men som min forskning kommer att visa kan de vara lika lite goda.

Det är mörkret som härskar.
Ljuset används av dem som vill föra oss bakom ljuset för att där i mörkret dölja sina handlingar.

Graham Greene berättar att hans vän och festbroder Errol Flynn en dag kom till filmstudion i mer än vanligt miserabelt skick. Graham Greene frågade Errol Flynn vad som hänt:
– Hänt, det är, det är alldeles förfärligt.

– Berätta för mig, det kommer att hjälpa, sa Graham Green.

– Jo Graham, jag drömde att jag avled och kom till Sankte Per.

– Det var väl bra att Du kom till rätt ställe.

– Trodde Du ja. Jag frågade Sankte Per om det här var paradiset. Kan Du tänka Dig vad han svarade.

– Oh ja, det vet jag. Du skulle bara gå över spången så är Du där.

– Nej Graham, Du och alla andra har fel. Sankte Per sa Errol, Du kommer från paradiset.

Errol Flynn hade rätt i sin dröm, paradiset är nu och på denna planet Tellus. När jag reproducerar min forskning kommer det klart visa sig att planeten Tellus i spiralgalaxen Vintergatan är paradiset.

Andra resultat av min kliniska forskning kommer att väcka uppståndelse. Det visar sig nämligen att helvetet också är placerat på planeten Tellus i spiralgalaxen Vintergatan.

Som Ni förstår känns det en aning obehagligt att gå ut med, dessa två, för många människor, avgörande sanningar.

Jag har funnit vid mina mätningar att paradiset och helvetet inte har någon fast lokalisering utan rör sig över planeten som en osynlig amöba.

Många av oss i paradisavdelningen Sverige nöjer sig inte med vårt lokala paradis utan åker på semester till andra paradis.

Till och med till paradis som är styrda med diktatorisk hand, till länder med medborgare som är ofria i tanke och handling.

Min forskning visar att paradiset är infekterat och döljer delar av helvetet. Dessa små helveten kan vara svåra att upptäcka och än mer svåra att bekämpa.

Men till detta vill jag återkomma när jag presenterar det verifierade och reproduceringsbara forskningsresultatet offentligt.

8 november 2011

31

Veckan det hände…

…var det tillfällen som styrde. Två födelsedagspresenter, en till ett par som under året fyllt trefjärdedels sekel och en till ett barnbarn som ville ut och roa sig med farfar.

Parets present var klar från början; en vardagsmiddag i hemmiljö och en festkväll vid vattenhålet, Konserthuset intill Hötorget i Stockholm.

Men barnbarnet måste väl ha något ungt och trendigt. En teaterföreställning, vad sägs om: Monty Pythons Spamalot på Oscars eller varför inte Romeo och Julia på Göta Lejon, vid Götgatan.

– Du och jag, farfar, skall gå till Konserthuset.

Så kom det sig att en sextioårig karriär på Konserthuset "kröntes" med samma program och samma orkester i samma konsertsal kvällarna efter varandra.

Kungliga Filharmonikerna under ledning av chefdirigenten Sakari Oramo:

Mozart: Uvertyr till Trollflöjten
Mozart: Pianokonsert nr 9   Solist Jonatan Biss
Stravinsky: Våroffer

Huset var fyllt båda kvällarna med entusiastisk publik.
Att bedöma huruvida solist och orkester tolkade verken olika står utanför egen kompetens.

Den yngre onsdagspubliken gav solisten Jonatan Biss stående ovationer och flera inrop.
Torsdagspubliken som var något äldre, som den vanligen är på filharmonikernas konserter, gav solisten mindre erkännande än det han fick kvällen före.

Däremot gav publiken Sakari Oramo och Filharmonikerna stående ovationer med många inropningar efter Våroffer.

Noterade att Sakari Oramo böjde sitt huvud mot den tomma partiturpulpeten efter sista taktslaget, dirigenten var märkbart trött. Möjligen kan detta betyda att mer energi förbrukades under torsdagens Våroffer. Något som mer kompetenta åhörare möjligen kunde uppfatta.

Så till nästa vattenhål, Operan vid Gustav Adolfs torg, besöket här gällde en ung mans halvsekelsdag.

Carmen stod på programmet. Såg Carmen på Operan första gången för 56 år och 2 dagar sedan.

Den mest utstyrda Carmen besågs och hördes på Parisoperan påsken 1964. Där gjorde Escamillo entré i en kaross förspänd med tvenne hästar.

Senast det begav sig på Stockholms Opera, för några år sedan, "föstes" Escamillo in på scenen på en byggställning. Båda föreställningarna var färgstarka.

Innehållet, till och med musik och sång, försvann något i det storslagna.

Men nu 2011 är det annorlunda. På Operan i Stockholm spelas Carmen för musiken, för sången och för den dramatiska handlingens skull.

Scenbilden är en låda, dekor, några gardiner, rekvisita, en kommod, ett bord ett par stolar, inte på scenen på samma gång, mer än sparsmakat.

Resultatet strålande. Musiken, sången och handlingen förmedlades på ett sätt det inte förut upplevts. Inget som störde koncentrationen på väsentligheterna.

Har uppskattat teater som spelats så förut; senast Hamlet på Dramaten. Minimalistiskt att skåda, maximalt att uppleva. Det var en kväll att ha glädjen att ge bort som present och själv bli överraskad av.

Återvände till vattenhållet vid Hötorget två dagar senare. 2011 års Tonsättarfestivals premiärkonsert som uppmärksammar den australienske tonsättaren Brett Dean.

Vid introduktionsträffen före konserten sa Brett Dean skrattande att han tyckte att han komponerade väl svår musik att spela.
Huset inte var fullsatt premiärkvällen.

Är inte man att recensera konserten.
För att uppleva musik för eget bruk behövs inte kompetens, det är bara att vara nyfiken, lyssna och se, njuta och låta sig överraskas.

Brett Dean bjöd på musik man inte förut hört.
När Filharmonikerna spelade sitt beställningsverk "Fire music" var alla orkesterns stämmor delaktiga.
Slagverkarna spelade på allt som kunde ge från sig ett ljud.

Förutom på podiet satt orkestermedlemmar i första radens långsidor och i den kungliga logen, en väl vald spelplats för Kungliga Filharmonikerna.

Publiken på parketten var omgiven av musik.

Musik är bäst där den spelas, när musiken visualiseras och ljudvågorna påverkar oss fysiskt som en vind.

14 november 2011

Lina, fyra barns mor, farfars syster, blev tidigt änka. Farfar byggde ett litet hus på sin familjs tomt som fick bli Linas hem. Minns fars faster Lina väl, hon var 78 år när jag var tio. När farfar inte kunde ta hand om sig själv slutade hans ogifta dotter A sitt arbete. Flyttade hem till sitt barndomshem och tog hand om sin far.

Min klasskamrat I hade verklig kontakt med ålderdomshemmet som var hans barndomshem. Hans far var vaktmästare på ålderdomshemmet G i X-stad.

Vi hade starka band I och jag. Lekte ofta i ålderdomshemmet.

Det är inte säkert att hemmet var ett fattighus. Troligen var det ett hem för äldre ensamstående, för pigor och drängar som på ålderns höst inte hade arbete, och därmed inte någon bostad. De flesta hade haft ålderdomshemmet som sitt hem under lång tid.

Mitt starkaste minne från denna tid, 1940 – 1941, är från en höstkväll, när vi lekte i en av hemmets korridorer. En av de boende ville ha ett glas vatten. Kvinnan som arbetade, vakt, vårdare eller vad vet jag?; sa att kvinnan var ilsken av sig och ville ha vattnet i ett immande glas. Hon fick ett immigt glas.

Vet inte om det var allt som någon fick, av egen vilja eller önskan, utöver mat och husrum.

Nu 70 år senare mötte jag en bekant, en söndag vid en underhållning på ett hem för äldre. På hans och mina vägnar blev jag glad. Vi tas om hand av samhället. Det tror jag att vi alla blir, omhändertagna, när vår tid kommer.

På samma äldreboende hjälper jag till med bingospel några gånger per termin. De som bor där är, i samma ålder som de jag mötte i början på 1940-talet, i min egen ålder. Byt kläder på 2010-talets äldre och skillnaden mot dem från 1940-talet blir inte stor, om någon. Men i nutid är de äldre mer delaktiga i samhället. Men det är också så att få av dem, tar aktivt del i någon eller några av de aktiviteter som bjuds.

De som inte är aktiva, inte deltar i aktiviteter, kan vara mer ensamma än de som på 1940-talet bodde på ett ålderdomshem.

I regel blir ingen individ nu påtvingad ett sällskap man inte vill ha. Man kan sakna personliga kontakter från sitt tidigare liv.

Problemet är det samma, de saknar omgivningens uppmärksamhet. Nu kan det immiga vattenglaset vara ett önskat läkarbesök.

Vi blir omhändertagna av samhället i väntan på slutet, mer eller mindre medvetna.

Har en vän från ungdomen, vi har följt varandra genom åren, som spontant sa när vi talades vid senast att:

"Det är många av oss äldre som är så ensamma."

Han har varit politiker i många år, och vet.

21 november 2011

I december 2011 kom jag underfund med att jag placerats på det sluttande planet.

Alla runt mig, med ett undantag, har under lång tid vandrat där. Nu förstår jag det Ni redan vet, att jag också tillhör vandrarna på det sluttande planet.

Spegeln i badrummet som varje morgon speglar en ung man i sina bästa är en falsk vän. Helfigursbilden i hall-spegeln är också falsk. I den ser jag en ung fräsch man, rak i ryggen, med en fast ärlig blick.

Men ens vänner och bekanta vad har de gjort för illa? De ser så slitna ut.

Intagskvarnens knivar, mitt garnityr, är så slitet att de måste renoveras.

I väntrummet hos reparatören satt en ung pojke med skägg och hår likt månadens festsymbol. En ung dam som var i min ålder. En gråhårig, för att inte säga vithårig man, i min sons ålder.

Den vithårige mannen erbjöd sin plats till mig. Han satt i en soffa som var åtta cm högre än den stol jag valt.
"Sitt här så blir det lite lättare att komma upp."
Jag kände inget sting eller smärta.
"Nej tack, sitt för all del kvar, jag tar plats här."
Han reste sig lämnade den åtta cm högre soffan tom, jag satte mig i min utvalda stol.

Tänka sig att någon talade till någon i väntrummet hos "käftis". Det har aldrig hänt mig. Betänk att jag snart är 80 år, även om jag inte själv uppfattar det.

Eftersom pojken gav mig ett finger så tog jag hela handen.

Vi började tala med varandra.

Ja det är sant.

Vi började tala med varandra.

Givetvis kom ynglingen genast in på att tala om sin "gamla far." Pojken sa att hans far inte började bli gammal förrän det att han fyllt 80 år. Men då blev han gammal med besked. Klok var han, nekade gå upp på stege. Pappans huvud var med honom och hans blick var klar. Kände igen honom som mig själv fast jag bara är 78 år.

Han berättade också att hans far hade en bror, två år yngre, som alltid benämndes "lillebror."

Vi kom efter en stunds samtal fram till att min far och hans farfar upplevt mer av förändring under sina liv än vad vi båda själva gjort. Tiden 1895 till 1995 var en period av utveckling för individen och samhället som saknar motsvarighet. Utvecklingen var uppfattbar, man kunde se den. För oss, en och två generationer senare, göms utvecklingen i cyberrymden och i "appar", svåra att greppa, omöjliga att se.

Grabben och jag talade om utvecklig och framsteg. Om det svåra att fördela utvecklingens och framstegens frukter jämnt till alla. Kom fram till att det var det som var det svåra att genomföra trots all utveckling och alla framsteg.

Hur samtalet slutade?

När den unge mannen blev kallad till sin "kvarnjusterare" reste vi oss båda, tog varandras händer tackade varandra för att vi fått träffas.

1 december 2011

Se mor och far i munnen

En god bonde, en god ryttare ser sin häst i munnen.
Hästens prestation är helt avhängig av tändernas status.
Jag vet att man säger "man ser inte hästen i mun".
Låt dem göra det.

Skall med en gång säga hur det är.

Som kock är jag som en gourmand som lagar mat till en gourmet.

Inte ens min egen hemlagade mat smakar som den skall.
Inte ens de allra läckraste rätter tillagade med all den kär-lek, all mat skall ges, hjälper. Hur väl jag än väljer rättens råvaror smakar det inte en gourmet.
Vinet kunde likaväl bytas mot kranvatten.

Visste jag inte orsaken skulle jag vara orolig.
Det som hänt mig påverkar inte bara maten jag äter. Allt påverkas.

Friheten. Självkänslan. Säkerheten. Öppenheten.

Min mun står under reparation.
Bettet är inte vad det borde.
Men jag vet att till Lucia skall jag ha en hel gnistrande mun.

Men hur är det med Din mor och far och hur har Du det.
Ta ett samtal med Dina föräldrar. Hjälp dem att komma till tandläkaren. Även om de inte är 90, varför inte redan när de är 80 eller 75. På hemmet är de inte ansvariga för tandstatus, eller?

Har den senaste veckan kommit i situationer som blottat min svaghet.

Första gången möttes mina svårigheter med igenkännande leende.

Andra gången talade vi om hur mycket det kostade att hålla tänderna i trim.

Flera runt bordet hade lagt ned 20 till 30 tusen på tänderna under året.

Själv hade jag lång väg att vandra innan jag beslutade mig; innan min tandläkare gav mig ett bud jag inte kunde säga nej till.
Kostnaden ni vet.
Allt för kort återstående avskrivningstid.

Så idag var jag tvungen att ta ur provisoriet och köra med blottade pelare.

"Så naturlig" sa en av kvinnorna.

Hoppas Luciadagens kvällsmål smakar bättre.

Var på ett möte när jag var 72 år och 4 månader.
På mötet presenterades en kurs "Tänder livet ut."

Den kursen handlade inte, som jag och en kvinnlig deltagare tolkade det, om sex.

Kursen handlade om än mer viktiga ting: TÄNDERNA.

6 december 2011

Senast jag var på sjukhus...

... kunde jag inte ta hand om mig själv, blev "om-
händertagen", inlagd på sal, mitt vårdbehov var stort.
Vården och omhändertagandet var perfekt, eftervården
likaså.

Till samma sjukhus kom en bekant, känner inte till hans
vårdbehov. Beskrev efter sjukhusvistelse den dåliga maten.
Inte alls så god som den han får i sitt hems kök.

En annan bekant kom till akuten med bröstsmärtor.
Blev hemförlovad. Måste återkomma efter några dagar,
fick då en pacemaker inopererad!

Till annat sjukhus kom en vän i veckan. Han behövde
akut operation. Eftervård på sal, maten god, berättade att
det många rätter att välja mellan. Vårdpersonal trevlig och
hjälpsam

Kontakter mellan sjukhus och hemvård fungerar bra

Varför uppfattas det så olika?

11 december 2011

41

… vattnet blev till vin…

… inte helt sant, men under Luciakvällen smakade vinet vin.

På Luciadagens morgon gick jag från Ulrika Eleonora ned till stan, korsade Klara, gick över åsen, fortsatte mot den östra sidan med sikte på Hedvig Eleonora.

Det var där det nya bettet skulle monteras.

Tandläkaren var synbart glad över sitt arbete. De är som skulptörer, de skickliga tandläkarna.
När jag lämnade min bostad invid Ulrika fick jag handlingslista av min kock, Gourmanden.

Invid Hedvig, strax intill torget, finns en bra saluhall.
På Hedvigs sida om stan är det lite mer spännande att gå i affärer och saluhallar. På bolaget frågade de kunder som måste fråga betjäningen med hög och klar röst:

"Jag söker Jacquart Brut Mosaïque Blanc de Blancs, det skall vara 1998, ett mycket bra år. Var finner jag den?"
Noga iakttagande att alla hör och ser.

Vi på holmen, på ett bolag nära Ulrika, viskar till bolagspersonalen:
"Var har Du hyllan rött upp till 69"?
Noga iakttagande att ingen såg eller hörde oss.
Nog om detta.

Det nya bettet skulle premiärtestas.
På kvällen bjuder Gourmanden till.
Förrätt: Pilgrimsmusslor stekta i rikligt smörad panna under knappast tänkbara korta tid.
Serverade på bädd av välavrunna saltmättade tomater.
En smakupplevelse om än inte något för bettet att bita i.

Vi njöt vårt vin under spänd förväntan på vad vår Gourmand skulle överraska våra smakknölar med denna premiärkväll.

Direkt från stekpannan; smörstekt entrecote serverad på bädd av råstekta potatisklyftor.
Entrecoten var ett perfekt premiärobjekt för den nymonterade uppsättningen ätverktyg.

En god gourmétsupé kreerad av en glad gourmand.

Detta är berättelsen om tänderna. Nästa onsdag skall tillbehör tillsättas på den normala ätsidan. Vad månne det bliva av det?

Under den tid min mun stod under uppdatering försvann till en del aptiten. Maten smakade inte som den gjort och som den borde.

Något att tänka på!

14 december 2011

Full fart på nattclub i city

Är just hemkommen från årets fest.

Kvinnorna välansade, uppsnofsade, håret nylagt. Männen, nykammade i sina bästa gåbortskostymer. Alla var eleganta och förväntansfulla.

New Orleans – sextetten satte redan i ouvertyren en glad och uppsluppen stämning på festen.

Ungdomarna serverade vin, stämningen steg om möjligt än mer. Landgångar med julanknytning tystade några av munnarna. Skinka, rödbetssallad med köttbullar, kallskuret med små gurkor, rökt lax och Brieost. Ett minimalistiskt julbord för var och en av oss.

När så musiken återvänt efter sin "whiskypaus" började det. De där grabbarna, som vi alla gråpojkar alltid varit så avundsjuka på, de där pojkarna, som kan föra en kvinna i dansens virvlar på ett sätt att det syns på kvinnorna att de tänker: "Må aldrig detta ta slut." De pojkarna var i kväll inte så rörliga, men som de rörde sig.

När klockan var 19.45 tyckte vi, under 80, att det började bli lite sent. Pojkarna fortsatte dansa som Fred Astaire, fast i slow motion. Dessa män, de dansbegåvade, som alltid varit farliga för kvinnor är det än i dag trots att de stödde sig på rollatorer när de kom till festen.

Man kan ha roligt på ett äldreboende.

15 december 2011

44

Två för tango

Såg den bästa tangon som tänkas kan. Kavaljeren omgiven av tre tillgivna kvinnor som bjöd värme, omtanke och gav glädje. När väl kavaljeren kommit tillrätta i sin stol lyste hans ansikte av ro och tillfredsställelse. Han hade dansat tango utan att kunna ta ett enda danssteg.

Mannen med den vakna blicken och det klipska huvudet höll sin danspartner i händerna när de virvlade ut på dansgolvet. Rullstolen rullade i Slow Fox takt.

Kvinnorna deras vårdare, kändes som deras kamrater på äldreboendet, arrangerade kvällens Pub-afton. Stundtals var det trångt på golvet. Jitterbugsstilen var inte långt borta.

Vi andra, vi som inte dansade, hade trevligt och samtalade om allt det vi människor samtalar om.

För att det skall bli tango (samvaro) måste man vara minst två. Personalens glädje i sitt arbete är grunden. Men det räcker inte. Alla de som har sitt hem på ett äldreboende behöver också bjuda till, boendet är deras hem, inte förvaring; i samverkan kan de boende och personalen skapa en god miljö.

Var och ens egen kamp kommer att bli resultatlös.
Alla måste försöka att bejaka sin situation.
Samtala om problem som finns.
Vara nyfikna på omgivningen.
Ta till vara tillfällen.

Personalen vill, men vi måste vara minst två för att dansa tango.

16 december 2011

Har vi inga pengar måste vi, individer och stater, låna.
Låna till boende, till semester till pensioner och välfärd.
Belåna framtida inkomster.
Avstår vi från lån stannar penningflödet – (h)julens rörelse bromsas upp.
Alla är beroende av att det finns pengar att låna.
Vi kan alla behöva kredit då och då.

Det finns de som säger att religionen har betydelse för viljan att överbelåna sina kommande inkomster. Länderna i sydeuropa med romersk–katolsk religion: Portugal, Italien, Irland, Grekland och Spanien (PIIGS – länderna) sägs inte ha den arbetsrelaterade grundsyn som Europas protestantiska länder har.

Calvin och Luther har satt sina spår i de protestantiska länderna med en stark tro på arbetslinjen. Vi ser oss som sekulära stater, dock är arbete och sparsamhet djupt rotat i vår kristna tradition.

Vad händer med denna grundsyn när världsekonomin bromsar upp?
Måste Sverige vara med och betala euroländernas lån?
Uteblir våra framtida belånade inkomster?

Men det kan vara ordnat: Frankrike och Tyskland har bestämt för oss alla i EU att folken i Europa skall betala. Privata banker skall vara fria från ansvar för frikostliga lån till EU-länder och frikostliga bonusar till sina anställda.

Kan det vara så enkelt?

GOD JUL!

20 december 2011

Det är inte lätt, snarare svårt…

… att summera ett år. Varför just i slutet av december? För mig ligger det närmre att göra avslutet i oktober. När allt är ställt till vila. För oss urbana är balkongen städad och möblerna på vinden.

Mörkret sänker sig med eller utan normaltid. Skörden är bärgad och räknad. Frö- och resekatalogerna är gamla. Vi är ställda i väntan, kontemplation.

Finns det något härligare än sköna novembers regndis. Gatubelysningen speglar sig i den våta asfalten.

Plogen har vänt åkrarnas mylla, resterna från det gångna årets kulturer har återförts till jorden. Stanna upp inför en höstplöjd åker, njut dess skönhet.

Mörkret faller tidigare och tidigare. Vi moderna människor gör allt som står i vår makt för att med mer och mer energi försöka skrämma mörkret på flykten. Men om hörnet finns det riktiga ljuset.

Några dagar före jul händer något märkligt. Dagen stannar upp för ett ögonblick, en ny tid börjar. Den livgivande solen stiger högre och högre på himlavalvet.

Vi säger, det tar tid.

Poeten säger, det gör ont. Själva, vi som inte har tid, vi som inte är poeter, måste, någon gång, stanna upp inför de möjligheter vi får till skänks varje dag som gryr för oss. Se vår omgivning med egna ögon och bedöma våra intryck med egna tankar.

GOTT NYTT ÅR!

27 december 2011

Vi är inte bara…

…individer.

En filosofie autodidakts ovetenskapliga betraktelse

Individen är endast en liten, liten del, av samhällets fiskstim. I det fiskstimmet präglas vi av en okontrollerbar samhällspåverkan som, utan vår vetskap, formar oss till samhällsmedborgare. Även om vi sprattlar emot påverkas vi. Även om vi väljer ytterligheterna vill vi vara en del av samhället. Anarkister vill också att samhället skall ta hand om dem när de behöver hjälp.

I Ryssland kan vi se hur anarkisterna som tog över tsarsamhället förvaltade sitt byte:
Inte nog med att de tog över tsarens rike de tog också över tsarens kontrollsamhälle. De bekämpade dem som hade en avvikande uppfattning. Som de lärt av tsaren, den hårda vägen. De exkluderade religionerna.

Folkets ok, var minst lika tungt som oket någonsin varit under tsarens tid.

Det var inte anarkister som störtade Sovjetstaten, det var de som ville förändra staten, med Gorbatjov i spetsen. De ville förändra staten Sovjet inom dess ramar. Vad de inte visste var att Sovjet var ett korthus.

Allt återgick till det gamla. Möjligen tvingades de styrande att mörda färre; att tillåta fler att ägna sig åt religion. Ordföranden fick presidentens titel och möjligen tsarens vanor.

Vilken påverkan den arabiska våren kan komma att ha på den politiska sibiriska vintern står skrivet i stjärnorna.

I Kina är det annorlunda. Det feodala samhället, utan byar och städer, var präglat av taoismens läror. Så länge befolkningen levde enskilt, i anknytning till sin jord, var de oantastbara, ointressanta för en fiende som ville plundra folket på tillgångar.

Taoismens betydelse minskade när folket övergav det enskilda boendet i avskildhet och flyttade samman i byar som blev grunden till städer. (Harry Martinsson: Den godartade möjligheten, Göteborg 1951.)

Taoismens grundidé sägs ha förts vidare av Konfucius som anpassat budskapet till det nya samhällets tätare boende.

Citat från Wikepedia.
"De fem banden
En av de viktigaste idéerna i konfucianismen är den om de fem banden. Dessa är de olika typer av relationer eller förhållanden som anses finnas i och vara av grundläggande vikt för ett fungerande samhälle, förhållanden som står mellan över- och underordnade:
Furste och undersåte
Man och hustru
Föräldrar och barn
Äldre bror och yngre bror
Äldre vän och yngre vän

Konfucianismen föreskriver levnadsregler för vart och ett av de fem banden;
fursten skall vara god mot undersåtarna, vilka skall visa sin lojalitet mot fursten.
Fadern skall visa kärlek mot sonen, som skall visa vördnad mot fadern.
Den äldre brodern skall visa välvilja mot den yngre brodern, som skall visa respekt mot den äldre brodern.

Mannen skall visa kärlek mot hustrun, som skall visa lydnad mot mannen.

Den äldre vännen skall visa trofast hänsyn mot den yngre vännen, som skall vara trofast och visa aktning för den äldre vännen.

Denna ideologi återspeglar och har också i viss grad medverkat till att bevara Kina som ett hierarkiskt och inte minst patriarkalt samhälle." Slut citat

2010 offrade nyexaminerade akademiker till Konfucius.

Det är inte utan sanning att tro att Kina är ett konfucianskt – patriarkaliskt – kommunistiskt – kapitalistiskt land

Hemma i Sverige ligger vi inte långt efter.
Vi är präglade av den goda staten.

Gustav Vasa startade det hela genom att ta till sig passande idéer av Luthers läror.

> Från Wikepedia saxar jag följande. *"Han (Gustav Vasa) uppträdde dock inte som en agitator för de reformatoriska åsikterna, eller som en förtryckare av de motsatta: han lät reformationens läror fritt spridas, tog deras förkunnare i beskydd och använde våld endast mot de försök, som gjordes att med väpnad makt upprätthålla katolicismens välde. Att han redan under sin regerings första år intog denna ställning berodde troligen på att han insåg att det endast var inom den gamla kyrkan som man kunde finna de ekonomiska medel som krävdes för att stadga och ordna det nya styrelseskicket."* Slut citat

I kyrkorna förkunnades arbetets och flitens ideal som, från 1500-talet fram till 1900-talet, också var härskarnas budskap. Ett budskap som den svenska arbetarrörelsen, liksom den ryska övertog.

Här i Sverige dock fredligt.

Men med samma idéer, arbete och lydnad, formade arbetarrörelsen ett socialistiskt samhälle.

Saltsjöbadsavtalet: 1938.
Semesterlagar: 1938, 1946, 1951, 1963, 1978.
Enhetsskolan: 1962.
Löntagarfonderna: 1982.

är några av arbetarrörelsens steg mot ett försök att skapa det jämlika goda samhället, ett samhälle för alla.

Socialdemokraterna lovade och valmanskåren röstade på det utlovade goda samhället.

Landet belånade sina kommande inkomster liksom medborgarna.

Men det kostade, räddningen var ett otal devalveringar.

Skattetrycket var så högt att folket, samhället, tog saken i egna händer och skapade något som till del liknade ett kvittolöst samhälle. Vilket inte var positivt, vare sig för folket eller för staten.

Skuldberget eroderade svensk ekonomi. Det borgerliga alternativet fick ännu en möjlighet att bryta arbetarrörelsens dominans.

Men arbetarrörelsen fick, utan egna meriter, ny möjlighet att efter Sovjets fall och Europas och Sveriges ekonomikris komma i regeringsställning.

Arbetarrörelsen var allt för konservativ, de hade fastnat gamla idéer, hittade inte nya politiska vägar i ett samhälle med en stor medelklass.

Den medelklassen svek sina rötter.

Men de svek inte det samhälle som präglat dem:

Det stod inte på förrän moderaterna, det största och det ledande av alliansens partier, kallade sig:

Det nya arbetarpartiet

Så hårt präglat är det svenska samhället av Gustav Vasa, Calvin och Luther.

Flertalet politiska riksdagspartier är, trots riksdagsbeslut om motsatsen, politiskt bundna till den förutvarande statskyrkan.

Gustav Vasa och Luther är, även om vi inte alltid förstår det, en grundläggande faktor i det starka svenska samhället.

Det är det som kan vara grunden till den kris vi tror oss befinna oss i avseende statens omvårdnad om oss.

Vi begär kanske för mycket av staten.

Vi belånar kommande inkomster istället för att nöja oss med de inkomster vi har.

Vi tror alldeles för mycket på samhällets möjligheter att tillgodose våra önskningar.

Även om de styrande politikerna vill få oss att tro det, är de inte jultomtar, i den betydelsen att de kan ge oss gåvor.

3 januari 2012

53

När jag var barn var mina barndomsvänners mor hemma.

Min mor och min far var också hemma. Men det var inte så konstigt som det låter. Min far var företagare och hade sin verksamhet på tomterna runt familjens bostadshus i mitten av en villastadsdel. Bäste kompisens far var också företagare liksom barndomens idolers fäder var det. Alla de nämnda och andra hade sin mor hemma.

Mödrarna skötte hus och hem höll efter och uppfostrade busiga snoriga flickor och pojkar.

Deras pension uteblev. Men de levde ett "bra" (?) liv med sina barns fäder. Många av dem, de allra flesta, levde så livet ut, kort eller långt, tillsammans som pensionärer.

Frågan är om det är annorlunda för 30-talets barn när de nu står i blomningen av sin pensionering?

Läste i Dagens Nyheter, 6 september 2011 sidan 10 del Nyheter:

Jag citerar: *"En grupp med stor styrka"*. *40 procent av dagens pensionärer har antingen enbart garantipension eller garantipension som utfyllnad. Till alla dessa kommer de som står på gränsen med låg pension.*

"… Pensionärerna företräds av starka intresseorganisationer. Sjuka, arbetslösa och föräldralediga som också betalar högre skatt har det svårt att få samma kraft bakom sina krav. S-ledaren Håkan Juholt driver pensionärsskatten som en huvudfråga och har lovat att helt utjämna. Första steget ska tas 2012.

Huvudargumentet från Juholt och pensionärsorganisationerna är att pensionen är uppskjuten lön och därför ska beskattas på samma sätt som arbetsinkomster. Det är ett argument som låter bra men som inte håller om man synar det. Svenskarna sparar inte ihop till hela sin pension när de arbetar. Den största delen av pengarna som betalas ut till dagens pensionärer är pensionsavgifter från dem som fortfarande arbetar.

Många har inte tjänat in hela sin pension ens på papperet. Av dagens pensionärer får 40 procent antingen enbart garantipension eller garantipension som utfyllnad.

Garantipensionen finansieras över stadsbudgeten och pengarna kommer alltså från skattebetalarna." Slut citat

Det handlar om mina jämnåriga kamrater.

Frågor att ställa?

Kunde inte kvinnorna under efterkrigstiden bryta den djupt rotade uppfattningen att männen skulle kunna försörja dem?

Hade de familjer som vi 30-talister skapade på 60-talet så låg inkomst, med sambeskattning, att inte familjerna på två löner kunde ha barnhjälp för att kvinnan skulle kunna arbeta utanför hemmet?

Fanns det inte arbete för kvinnorna?

Kan det vara så att patriarkatet fungerar som ett tvång för kvinnor att avvara mer tid i hemmet för att "sköta" man, hem och barn?

Ligger det så djupt rotat att kvinnorna är präglade att mer ta ansvar om barn och hem?

Svaret kan vi först se när den tiden kommer att våra barnbarn blir pensionärer. Hoppas det då är färre än 40 procent som har garantipension.

Det är farligt för kvinnor att leva ojämlikt, gift eller i ett samboförhållande.

Vad händer om kvinnan blir ensam? Om det nu går så illa.

I det patriarkaliska samhället är det lätt för individen att vara jämställd. En läpparnas bekännelse utan förpliktelser. Den utjämning som skett beträffande män och kvinnors jämställdhet, en liten, men för kvinnorna betydelsefull del, är helt kvinnornas förtjänst.

Kvinnorna är i dag mer välutbildade och kan med kunskap och realism utmana männen på arbetsmarknaden.

De unga, kvinnor som män, har också en utbildning som ligger mer nära den tid de är verksamma i. De äldres "erfarenhet" är från ett förgånget samhälle befäst med de äldres egna idéer, sedimenterade i förfluten tid. Under sin aktiva tid har de inte kunnat påverka eller ens minska Gustav Vasas och Luthers prägling av samhället.

Arbetarrörelsen har de senast elva åren styrts av en kvinna. Men så vitt jag kan se har det inte gjort några avtryck på värderingen av insatser i de vårdande och utbildande yrkena.

Arbetarrörelsen är så präglad av Gustav Vasa och Luther att de inte ens som arbetsgivarerepresentanter i stat och kommun kunnat påverka lönebildningen till kvinnors fördel.

Förmodligen är det så att samhället i sig inte kan frigöra sig från Gustav Vasas och Luthers påverkan.

De enda som kan detta är de unga kvinnorna som individer. Genom högre studier på våra universitet och högskolor kommer de som individer och genomföra en förbättring till det bättre.

Männen kommer att förvånade fråga sig:
"VAD HÄNDE?"

På samma sätt som när "kultureliten" i Stockholm (ingen nämnd men heller ingen glömd) påtalade det odemokratiska i beslutprocessen avseende ombyggnaden av Slussen.

Vi utanför "kultureliten" som är samhällsmedborgare har besökt ett flertal utställningar om Slussen och där fått ge våra synpunkter.

Kultureliten utropade yrvaket timmarna före beslut i Stadshuset:

"VI VILL VARA MED, VI VILL BESTÄMMA!"

Det är så patriarkatet[4], eliten, visar sitt rätta ansikte.

Rubba inte våra cirklar.

9 januari 2012

---

[4] Patriarkat (av grekiskans πατριάρχης, patriarkhēs, fadersvälde), patriarkal och patriarkalisk (oinskränkt fadersvälde) är gamla begrepp för samhällen som kännetecknas av fäders inflytande inom familjen, manliga ledares envälde och övervikt för männens inflytande i samhället.

EU beslut: Pensionsåldern ska höjas till 90 år

EU har beslutat att utse Sverige till försöksland.

På sikt skall pensionsåldern höjas till 90 år på grund av att den svenska modellen gjort svenska äldre unga och virila. Så unga och virila, säger man inom EU, att många av dem inte vill kännas vid att de är pensionärer utan väljer att kalla sig "seniorer".

EU-beslutet fattades redan innan konferensen "Seniorliv i världsklass" på Kistamässan hade gått av stapeln. EU vill med detta beslut mota "Tommy" i grind, professorn som skall delge det svenska folket sina kunskaper om hur man blir 122 år med underrubriken "Mat och träning för ett lyckosamt åldrande". Frågetecknet i titeln "Hur man blir 122 år?" beror säkert på att döden kan stå vid dörren redan vid 120 år.

Är man ung och viril när man är 85 år skall man, enligt EU:s talesperson, arbeta.

Fattas bara annat.

En första åtgärd för EU är att förändra namnet på den svenska myndighet som handhar landets pensions-utbetalningar från "Pensionsmyndigheten" till "Senior-myndigheten" för att säkerställa att även seniorer i fram-tiden kommer att erhålla pension när de uppnått en ålder av 90 år.

EU ger också klart besked till de två föredragshållare som kräver besked om vilken omsorg vi kan räkna med i framtiden? Vad är det gemensammas ansvar; vad blir vårt eget ansvar? Hur skall äldreomsorgen för fler och mer krävande äldre finansieras? Till detta föreslår föredrags-hållarna en omsorgsförsäkring.

EU:s svar:

– Vilken omsorg kan vi räkna med i framtiden?

EU:s talesperson säger att det beror på hur mycket de i samhället verksamma beslutar att satsa på äldreomsorgen. Som talespersonen uttrycker det; "i konkurrens med andra samhällsfunktioner".

– Vad är det gemensammas ansvar?

Det gemensamma, riksdagen, landstingen och kommunerna tar i detta fall, som EU:s talesperson säger, sitt fulla ansvar genom att med den höjda pensionsåldern se till att även de, som av ett eller annat verkligt skäl, inte kan arbeta tills de är 90 år, kommer att under tiden fram till sin pensionering skall kunna leva ett drägligt liv.

– Vad blir vårt eget?

Enligt EU:s talesperson har var och en av de svenska medborgarna att ta sitt ansvar för sig, var och en för sig. EU:s talesperson säger också att det är vårt eget ansvar att se till att vi förblir unga och virila till dess att vi blir pensionärer vid 90 års ålder.

– Hur skall äldreomsorgen för fler och mer krävande äldre finansieras?

EU:s talesperson säger att det kommer att finansieras genom de skatter och arbetsgivareavgifter som det arbete de äldre under 90 år genererar.

De som inte kan vara verksamma inom sina förutvarande yrken, till exempel lokförare, piloter, taxiförare och frisörer med flera liknande yrkesgrupper kommer att hänvisas till arbeten inom äldreomsorgen med en tjänsteställning och lön som ett vårdbiträde.

Vårdförbundets talesperson uttrycker sin glädje över beslutet, som kommer att höja värderingen av vårdyrket väsentligt. Inte minst genom den befordringsmöjlighet EU beslutet skapar för utbildade, erfarna vårdbiträden. De skall genom detta EU beslut arbeta som senior–vårdbiträde.

EU:s talesperson avfärdar förslaget om en äldreomsorgs-försäkring som orealistiskt och populistiskt. Premien för en sådan försäkring skulle bli allt för hög, eftersom den svenska modellen gjort det svenska folket näst intill odödligt.

Arbetarrörelsens talesperson ser beslutet om en pensions-ålder på 90 år som ett bevis, lite senkommet men dock, på att rörelsens linje har lämnat det svenska folket valuta för det höga skatteuttaget under 1900-talet.

Alliansens talesperson säger sig glädjas åt att det svenska folket, genom idogt arbete med arbetslinjen som grund, kommer att kunna utnyttja de resurser, det nuvarande borgerliga samhället skapat åt individen, långt efter fyllda 100 år.

14 januari 2012

Ensamhet...

...avsaknad av trygghet, ett myndighetsansvar?

På Svenska Dagbladets Brännpunkt den 17 januari 2012 skriver Barbro Westerholm och Ines Uusman i en artikel "Vi måste bygga efter äldres behov"; ur vilken jag citerar:

> *"När man inte längre kan lämna bostaden på grund av avsaknad av hiss, eller när ensamheten blir för svår, vill man flytta till en bostad där man kan finna gemenskap med andra. Vård och omsorg har man egentligen inte behov av, man söker bara ett boende som erbjuder trygghet."* Slut citat.

Ensamhet och brist på trygghet går dessvärre hand i hand och är, så vitt jag kan bedöma, inte åldersrelaterat.

Ensamheten kan inte vara en angelägenhet för våra kommuner och landsting så länge inte något vårdbehov finns.

De trygghetsboenden som nu produceras löser inte problemet för de äldre ensamstående som vill flytta till en tryggare bostad. Det blir kategorihus för äldre. De får så höga hyror att ensamstående, med normalpension inte har ekonomiska möjligheter att flytta in. Dessa boenden saknar personal; tryggheten kommer att bestå i att man möjligen lär känna sina grannar bättre i ett kategorihus än i ett hus bebott av personer i mer blandad ålder.

Boende, som ger gemenskap och trygghet, kan inte avskiljas från dagens kommersialiserade boende.

De kommunala företagens avknoppningar av hus till bostadsrätter genomförda av folkvalda politiker visar att kommunerna vill se en kommersialiserad bostadsmarknad, bostaden som investering för framtiden.

Boendet är kommersialiserat.

Författarna skriver också jag citerar:

"Under de senaste tio åren har antalet platser i vård- och omsorgsboenden minskat med 30000." Slut citat

Att antalet vårdplatser minskat beror på att kommunernas folkvalda politiker har beslutat att vårdberoende äldre skall, så långt det är möjligt, bo i sin hemmiljö, vilket också många äldre vill. De folkvalda har inte funnit brukare, eftersom de vårdas i sina hem, för dessa 30000 platser i vård- och omsorgsboenden.

Det kan även tydas så att de folkvalda politikerna funnit att vinster, lägre kostnader, finns att hämta genom att vårda de äldre i sin hemmiljö.

Barbro Westerholm och Ines Uusman begär för mycket av våra folkvalda.

Ensamheten är åldrandets innersta väsen. Omgivningen förändras fatalt. Ensamheten och otryggheten kan vara baksidan av vårt framgångsrika urbana samhälle. Något vi kanske måste lära oss att leva med.

Det är också så att många utanför de äldres krets också känner sig ensamma och otrygga.

Det är en orealistisk och populistisk "tanke", önskan, krav, att kommuner och landsting skall ha ansvar för, inte vårdbehövande, äldres ensamhet och otrygghet.

Hur angeläget det än kan vara för den enskilde.

21 januari 2012

Sverige på gång

Sveriges Riskdags två stora partier, med en sammanlagd imponerande majoritet i riksdagen, prioriterar nu båda arbete.

Tillsammans kan de skapa förutsättningar för fler företag, som ger fler löntagare, som med sin konsumtion och sina skatteinbetalningar ger stat, landsting och kommuner växande ekonomiska resurser utan höjda skatter.

Vi kan nu vänta oss en samlad insats att skapa nya företag och möjlighet för företag att växa genom ökande förutsättningar för vinstgivande produktion.

Det är genom arbete med export och genom löntagares inhemska konsumtion som, marknadskrafterna, kan ge de folkvalda resurserna att utveckla landet.

Om nu den nytillträddes "Jobb" i verkligheten är "Arbete" som ger produktion, lön och skatt till stat, landsting och kommuner och vinster till företagen.

28 januari 2012

Läste någonstans att Platon beskrev erfarenheter som fantasier. Förstod det inte alls då jag läste det. Men Platons tolkning av erfarenhet intresserade mig.

Jag sökte och fann; begreppet erfarenhet avser vanligen kunnande av rutiner och procedurer och inte utvecklande studier och skolning.

Erfarenheter behöver inte nödvändigtvis vara kunskap. Det kan vara individens egen tolkning av ett händelseförlopp eller varför inte sitt liv; sett ur personens eget perspektiv.

Erfarenheter bejakar enligt detta synsätt inte nytänkande.

En person med stor erfarenhet inom ett visst område kallas ofta expert eller specialist. Experten fastlåst i sitt specialområde.

Men klokare än så blev jag inte.

Erfarenhet kan vara fysisk, mental, känslomässig, andlig, social eller subjektiv.

Det här låter faktiskt som fantasier. Kanske är jag något på spåren.

Någon läste högt ur en biografi av Henrik Berggren. "Underbara dagar framför oss En biografi över Olof Palme" Nordstedt: ISBN 978-91-1-301 708 – 2

Citat:

> " ... *Centralisering, statlig planering och industriell stordrift var naturligtvis inga unika svenska fenomen. ... Men Sverige var bäst i klassen, inte minst därför att Olof Palme och Tage Erlander hade haft en färdig analys av den kommande utvecklingen redan i slutet av femtiotalet. Som de*

hade sett det 1956 var framtidens stora utmaning att möta
'de växande förväntningarnas stigande missnöje'. ... *Varken*
Erlander eller Palme var så naiva att det trodde att män-
niskor nödvändigtvis blev lyckligare av mer frysboxar och bilar.
Tanken var att staten skulle tillhandahålla resurserna för
ett individuellt självförverkligande.
... *De senare förhoppningarna skulle leda till besvikelse."*
Slut citat.

Grunden, plattformen var enligt Henrik Berggren inte en
socialism i traditionell form med kollektivistiska ideal och
ett statsägt näringsliv. Berggren kallar den svenska model-
len träffande för "statsindividualism".

Staten som tar hand om allt. Grunden för detta var, den
grund det svenska samhället än i dag vilar på; liberal
nationalism med kristna moralbegrepp.

Pusselbitarna föll på plats för mig. Erfarenheterna,
fantasierna om framtiden blir till visioner[5].

Det är fantasi med kunskap och erfarenhet som grund
som ger visioner.

Tage Erlander hade erfarenheter. Olof Palme hade andra
erfarenheter, men han var inte bunden av den konser-
vatism som många individer och organisationer både då
och nu fastnat i. Men Tage Erlanders och Olof Palmes
fantasier om framtiden, visioner baserade på en socialis-
tisk visualisering skrämde några av oss.

---

[5] Vision, något man vill uppnå. En vision uttrycks oftast som
ett framtida tillstånd som man vill uppnå, och behöver inte
uppfylla formella krav på realism, tidsbundenhet eller mät-
barhet

Vi såg följderna av de socialistiska staternas våldsamma övergrepp på sina innevånare. Diktaturer som bekämpade folkets frihet.

Hade erfarenheterna, fantasierna om framtiden, och visionerna visualiserats något mer verklighetsnära än i "Internationalen" hade möjligen visionerna, av fler, kunnat upplevas som positiva och enande.

Nu är Olof Palme sedan länge borta. Men hans och Tage Erlanders visioner från 1956 lever kvar.

Vi fordrar att staten skall ge resurser till allt.
Vi förväntar oss alla en stark stat som tar hand om oss som om vi vore statens barn.

Men samhället har byggts som "lapptäcke" skapat av våra folkvalda för att ge oss medborgare det de tror vi förväntar oss.

För att bryta politikernas vanmakt måste någon, några, fantisera, skapa, gestalta och inte minst visualisera en ny politisk vision som vi alla kan ställa sig bakom.

4 februari 2012

Jag är stolt...

...över att vår statsminister Fredrik Reinfeldt väckt en av vår framtids ödesfrågor;

Sveriges allt äldre befolkning.

Jag känner stor tillfredsställelse av att professor Joakim Palme Uppsala universitet håller med statsministern.

Professor Palme sa den 8 februari 2012 i Sveriges Radios "Studio Ett"; att vårt kommunala välfärdsystem kan bryta samman om vi inte anpassar oss. Förändringarna kommer att märkas om 10 till 15 år.

Om vi i landet vill ha samma kommunala omsorg som i dag, när vi blir fler och äldre pensionärer, behöver vi på sikt, säger professor Palme höja kommunalskatten med över 13 kronor på varje intjänade 100 kronor. Vi måste dessutom utnyttja våra resurser bättre.

Professor Palme anser att det är bra att man sätter fokus på frågan nu.

 – *Det kanske inte går att skjuta upp livet tills vi blir pensionärer* –

Det kommer att bli svårt för någon av oss efter dessa ansvarsmedvetna och trovärdiga uttalanden från statsminister Reinfeldt och professor Joakim Palme säga att:

– *Det hade jag ingen "aaaaaaaaa-ning" om* –

Nu vet alla vad vi har att vänta oss. Det bästa är att vi har tid att arbeta fram en samsyn. Detta är inte en partipolitisk fråga. Det är en gemensam ödesfråga för Sveriges medborgare.

8 februari 2012

Det ljuva livet

Det kanske inte går att skjuta upp livet tills vi blir pensionärer.

Vi vill ha det vi avstått under den tid då vi avstod från högre lön för att få en köpkraftig pension, vi, som politiker och andra säger, byggde upp Sverige till det, det i dag är.

Men våra kroppar är slitna oavsett om vi har arbetat i vården, på kontor, eller inte att förglömma på byggen och i verkstäder pressade av ackord. Många blir så slitna av livet att de behöver smärtstillande medicin.

Det kostar på att bli äldre. Det kostar också på för alla yngre medborgare att genom skatteinbetalning ge vården och omsorgen resurser att vårda, även de äldre, när de är i behov av omsorg.

Vård och omsorg konkurrerar om allt annat vi medborgare fordrar att staten skall genomföra. Allt kostar alltid pengar. När staten skall göra allt behöver staten allt högre skatteinbetalningar av oss.

Den viktigaste uppgift vi har inför framtiden är att på bästa sätt utnyttja våra samlade resurser. Skapa produktiva arbeten till de arbetslösa. Helst tillverkning av varor som kan exporteras. Innovationer som skapar många ungdomsarbeten.

Når vi inte framgångsrika säljbara forskningsresultat, köper inte konsumenterna de produkter vi tillverkar.

Då blir det blir svårt för staten, som är vi själva, att ge oss allt.

15 februari, 2012

Vad visste vi om våra pensioner?

Visste Du att vi bytte pensionssystem 1994.

Det förutvarande ATP–systemet var ett s.k. fördelnings-
system, ett kontrakt mellan generationerna, där pensionen
direkt och löpande finansierades av de förvärvsarbe-
tande; den yngre generationen riskerade att få betala
avgifter som översteg de pensionsförmåner de själva skulle
kunna få.

Visste Du att
Riksdagens beslut 1994 innebar att det allmänna ålders-
pensionssystemet omvandlades i grunden. Från ett för-
månsbestämt fördelningssystem till ett avgiftsbestämt in-
dividuellt fördelningssystem med inslag av individuell
fondering.

Visste Du att
en utgångspunkt var att ålderspensionssystemet måste
vara trovärdigt och förutsebart. Detta innebär stabila vill-
kor. Ålderspensionen skall inte vara ett område för löften
om kortsiktiga förbättringar.

Visste Du att
ordföranden i PRO inte visste det viktigaste om pen-
sionssystemet. Han har i varje fall inte förstått para-
grafen 2.2.5 sidan 31.

> *"Den så kallade bromsen måste förändras. När pensionssys-*
> *temet infördes var inte tanken att bromsen skulle slå till år*
> *efter år.*
> *Detta visar ett systemfel som ger allvarliga konsekvenser för*
> *pensionärerna"*. Slut citat.

I artikeln visar ordföranden att han inte hade en aaaaaaaa-
ning om pensionssystemets broms, dess orsak och verkan.

69

Det finns inga begränsningar avseende bromsen i texten 2.2.5 sidan 31 i pensionsöverenskommelsen. Det behövs heller inte.

När vi kör bil skall vi stanna (bromsa) varje gång trafikljusens förutbestämda parametrar kopplar in rött ljus. Inte heller det förhållandet behöver diskuteras. De flesta av oss stannar också för rött ljus. När det blir grönt ljus kör vi igen.

Det är ingen skillnad alls med pensionssystemets broms.

Vår statsminister ville tala om för oss det vi inte visste. Vad han inte visste var att förtroendevalda missförstått det pensionssystem de som folkvalda i samförstånd skapat.

Skjut inte pianisten, skriv om musiken istället;
d.v.s. pensionsöverenskommelsen.

Vi behöver en vision för ett bättre liv när vi lever och en tryggare tillvaro när vi är på väg att dö.

22 februari, 2012

Det nya pensionssystemet kommer inte att vara populärt

... när svenskarna insett effekterna, sa statsminister Göran Persson.

2005 förutspådde han att det skulle leda till upprörda känslor när folk inser hur förändringarna slår.

- *"Jag är säker på att det vi gjort inte kommer att vara populärt om 20 år när de som går i pension då ser vad vi gjort, sade han."*

Göran Persson valde att uttala sig om det svenska pensionssystemet vid tal under ett besök i Australien och ett i Nya Zeeland.

Hans utspel förvånade svenska politiker som gjort upp om den nya pensionen och försäkringskassan som administrerar den.

Sina kunskaper om det svenska pensionssystemet undanhöll däremot Göran Persson det svenska folket.

Göran Perssons verklighet blev verklig redan 2012.

2005 säger Ole Settergren chef för Försäkringskassans pensionsavdelning enligt Expressen:

"För att kompensera den lägre pensionen krävs att man jobbar 26 månader längre än i dag. – Det är ett enkelt och tydligt system. Man får det man betalar för. Ska pensionen höjas måste skatten/avgiften höjas och vi får mindre att leva på när vi jobbar, säger han"

När jag först hörde talas om Göran Perssons uttalande 2005 noterade jag det som en skröna.

27 februari, 2012

Sverige versus Grekland

Sveriges två senaste statsministrar har lika syn på följderna av höga skulder.

Förutvarande statsminister Göran Persson och nuvarande statsminister Fredrik Reinfeldts målsättning var och är att Sverige skall ha låg statsskuld.

För det skall vi (folket som skall betala skulderna) vara tacksamma.

Politiker som tar ansvar, ser till att det finns marginaler (reserver) den dag myten om den eviga framgångsutvecklingen bryts, skall vi vara rädda om.

Sveriges statsskuld var den 31 december 2010 0,40 av landets BNP (Brutto National Produkt).

Greklands statsskuld var vid samma tillfälle 1,5 gånger Greklands BNP.

Denna skuld håller på att ställa EU-samarbetet på kant och banker på fall. Stora ekonomiska stödåtgärder fordras. Banker och stater behöver ekonomiskt stöd.

I avseende på statsskuld har Sverige goda förutsättningar att inte ligga EU till last. Men statens skulder (statsskulderna) är inte allt vi medborgare har att betala.

Vi måste betala våra egna skulder. Det är vi konsumenter som skall betala ränta på företagens kapital och avskrivningar på företagens tillgångar. Vi gör det genom att spendera våra inkomster, lönen av det vi producerar, och att låna på framtida inkomster. Det är på dessa transaktioner våra banker tjänar miljarder år efter år.

Vi svenskar och våra svenska företags sammanlagda skuldbörda utgjorde 2,7 gånger landets BNP 2011.

Det går att tolka förhållandet så att staten sätter oss medborgare i skuld för att skapa skenbart goda statsfinanser.

Svenska folkets egna skulder, sammanlagt med statens och företagens skulder, utgör 3,2 gånger landets BNP[6]. För Grekland är motsvarande andel av BNP 2,9 gånger.

Allt är inte som det synes vara och allt är inte som vi vill att det skall vara. Framför allt vill inte makten att vi skall veta hur sårbara vi är när/om myten/sagan om en ständigt positiv ekonomiska utveckling bryts.

När makten över statsapparaten utsätts för konkurrens vid valet 2014 måste vi vara observanta och noga lyssna på dem som vill bli våra ombud.

Vi måste rätt tolka de locktoner och överbud som strömmar mot oss.

Vi måste alla förstå att de som vill bli valda spelar på det vi vill höra.

De lovar det de vet att vi vill bli lovade.

De verkliga vinnarna i valet 2014 är PR-byråerna som lär politikerna att kommunicera politiska sanningar på ett så trovärdigt sätt att valmanskåren tror att "sanningarna" är sanningar.

7 mars, 2012

---

[6] Enligt SvD Näringsliv 2013-09-03 är motsvarande siffror från SCB 2012; 4,9 gånger BNP. I USA var skuldbördan 2011; 2,8 gånger BNP.

Jerusalem, för mycket av allt, alltid

Att läsa är att uppleva. Att få vara med just när ögat uppfattar orden och min erfarenhet/fantasi omvandlar orden till en levande verklighet. En verklighet som försvinner in i min hjärnas irrgångar, omöjliga att nå, ständigt närvarande.

Just nu lever jag i tre världar, beskrivna av tre författare, tolkade av en och samma hjärna. Bilderna som spelas upp är, alla tre, från verkligheten.

Låt mig börja med

Simon Sebag Montefiore:
JERUSALEM, BIOGRAFIN
Översättare Ulf Gyllenhak, Nordstedts 2011

Jerusalem, är för mycket av allt, och har varit för mycket av allt, alltid.

Makten över Jerusalem gick i hand och ur hand. Många kämpade för att överta makten över den symbol Jerusalem sägs vara för många.

Jerusalem byggdes upp, revs, förstördes, Jerusalem byggdes upp igen.

Folken fördrevs, folken dödades.
Alla samarbetar med alla över religioners gränser.
Alla dödade alla som stod i vägen.

I alla tider intill nutid har Jerusalem, enligt Montifiore, varit våldets och skörlevnadens stad.

Per Jönsson, redaktör på Utrikespolitiska institutet, har i tidningen Axess Magasin nr 2 mars, 2012, skrivit en recension av boken Jerusalem, biografin:

"Blod och erotik i den heligaste staden" från vilken jag vill citera två klipp:

"Montefiore tecknar en 3000-årig orgie i mänskliga mass-slakter och bisarra sexuella excesser, judar, assyrier, babylonier, makedonier, romare, muslimer, turkosmaner, albaner, fransmän, britter, arabiska nationalister, alla har de till och från slagits och kopulerat med varandra i ett evigt kattrakande om de tre stora monoteistiska religionernas heliga stad."

Per Jönsson ställer frågan *"Hur länge kan evighetskonflikten Jerusalem pågå"*?

Per Jönsson tar litteraturkritikern och professorn Fredrik Bööks bok "Resa till Jerusalem", som Fredrik Böök skrev 1925, till hjälp för att besvara frågan. Jag citerar:

"Vid sin hemkomst skrev Böök den hett omdebatterade boken "Resa till Jerusalem", där han efter mycket vånda besvara frågan om konflikten mellan araber och judar: Det finns icke något slut på den, och kommer aldrig att finnas... det är väl icke så säkert att striden blir oblodig.
De orden skrev Böök före förintelsen, Israels tillkomst 1948 och de sju israelisk-arabiska krig som ägt rum sedan dess". Slut citat

Jerusalem, biografin är en läsupplevelse för mig.

Lärorik, tänkvärd, spännande och skrämmande.

15 mars 2012

Allt är så komplicerat att ingen av oss kan ha en övergripande kunskap om alla förhållanden som påverkar vårt samhälle.

Sverige stod utanför andra världskriget och var rustat att ta till vara den ekonomiska utveckling som efter kriget skapades i det raserade Europa. Detta lade grunden till den ekonomiska utvecklingen som senare kom att kallas den svenska välfärdsmodellen.

Ingen skulle stå utanför.

1960-talet blev för Sverige årtusendets gyllene decennium. Förmodligen det svenska folkets mest bekymmerslösa och köpstarka period.

Vi kunde köpa bilar, vi kunde resa till solen.

Vår höga konsumtion medverkade till en inflation som minskade värdet på våra inkomstökningar.

Europa utvecklades, blev våra konkurrenter, världens ekonomi blev global, allt och alla påverkade varandra.

För att förbli konkurrenskraftiga devalverade Sverige fem gånger på sex år.

Den svenska kronans värde minskade med 45 procent.
När vi talar om devalveringar, så måste jag citera Marcus Wallenberg:

> *"Devalvering är som att kissa i byxorna – det känns bra att göra det men efter en stund blir det bara obehagligt."*

Till detta kom att kostnaderna fortsatte att stiga snabbare i Sverige än i omvärlden.

På 1990-talets början skenade statsutgifterna och statsskulden ökade.

Samhället stannade.
Staten "sanerade" landets ekonomi.
Samhället sparade på allt.
De folkvalda och staten blev realister.

Människorna måste bättre klara sig själva, betala för det de får; de folkvalda förstod att de inte kunde låna pengar för att uppfylla medborgarnas önskningar.

Den som är satt i skuld är inte fri.

Medborgarna har ännu inte observerat att de folkvalda, staten, inte kan uppfylla alla de krav de ställer.

22 mars 2012

"Min kamp" en upplevelse

Känner så mycket för Karl Ove.

Det är mina nyårsaftnar, när jag var 15 år, han beskriver. Det gör ont, också gott. Karl Ove vet precis hur det var, önskan om bekräftelse, vänners närvaro, flickornas avståndstagande.

Flickorna som var femton år betedde de sig även på 1950-talet som om de vore arton.

Det som för mig hände 1950, hände för Karl Ove 1985. Det Karl Ove berättar är så sant att det gör så skönt ont.

Karl Ove Knausgård vet berätta. Handlingen är viktig, men underordnad miljön och berättelsen. Så som ens liv är underordnat den miljö det levs i och de slumpar som påverkar livet.

Nyårsafton, förberedelser, Karl Ove har ansvar för två kassar pilsner, hotet av upptäckt, välviljans hot från allt för hjälpsamma medmänniskor. Hur komma åt pilsnern, grunden till den efterlängtande fyllan, flykten, fyllan som lyckligtvis uteblev.

Det fordras, som Karl Ove beskriver det, planering för att bli full. Men så var det snön, kylan, bussens sista tur till förfesten. Snön, kylan, försmådd av flickan till den efterlängtade efterfesten.

I allt elände, är jag som läsare, medföljare, rädd för att Karl Ove hade lågskor.

På väg till sin fars begravning, som alltid med gråt i själen och tårar i ögonen, berättar berättaren en bild av livet så som Karl Ove såg det. Han visar oss det vi inte ser, öppnar våra ögon. På bensinstationen, bilar som kör förbi, motorcykeln som kom, den lilla bäcken vid bron.

Långtradaren som kom västerifrån, parkerade med ett stön, en medelålders man hoppade ut, strök det i vinden fladdrande håret och gick mot ingången.

Det hade vi aldrig sett även om vi upplevt det.

"Du måste berätta Karl Ove!", sa vännen Thure Erik, som fått läsa boken förlaget ville ge ut.

"Det här är ingen roman" sa Thure Erik.

Karl Ove visste att Thure Erik hade rätt.

Boken "Min kamp" är en bok om Karl Ove.

"Min kamp" är en roman om filosofi, litteratur, konst, kärleken, livet och om döden.

Vill innerligt att mina barnbarn skall läsa boken men jag vet inte vid vilken ålder.

29 mars 2012

Den glömda historien

När Sigfrid "Sigge" Ågren, blev Expressens notischef sa han till sina journalister:

> *"Skriv notiser så att Era läsare säger 'Det var som fan' när de har läst dem."*

Jag påmindes om Sigge Ågrens råd ofta när jag läste "Den glömda historien".

Inte visste jag något alls om det John Chrispinsson berättar om i boken.

Han berättar om Åbo, Viborg, Nyen, Sankt Petersburg, Riga, Tallinn, Narva, Dorpat och Hapsal.

"Den glömda historien" är en berättelse om vårt folks resa i Österlanden som börjar redan på bronsåldern då Mälarlandskapen, Åland, Åboland beskrivs som ett gemensamt kulturområde.

Vikingarna seglade på Neva in i Gårdariket till de stora äventyren i Särkland och Miklagård..

På tidigt 1000-tal utvandrade svenskarna från Mälardalen, Hälsingland och Östergötland. De flyttade in i Österlanden. Invandrarna var drängar, pigor, stallfolk, trädgårdsarbetare, skomakare, skräddare, kokerskor, tvätterskor. Åland blev en del av Linköpings stift.

Redan för femtonhundra år sedan betalade Kurland skatt till svearnas hövdingar och på sexhundratalet byggdes staden Grobin. Tusentals gravar berättar att stadens invånare var svear och gotlänningar.

"Den glömda historien" väcker tankar om överhetens makt över folken. Folken, som i alla tider är en bricka i maktens spel.

Att läsa boken är att delta i en resa. Uppleva tidsepoker så levande och bildmässigt som om jag, som läsare, är där just då det hände.

Det är inte mer än 70 år sedan vi hade båtflyktingar på Östersjön. De flesta av oss svenskar känner någon som kom till vårt land som båtflykting över Östersjön.

John Chrispinsson fäster vår uppmärksamhet på vilka följder som vår okunskap kan leda till. I Efterord skriver författaren:

> *"Denna glömska fick egendomliga politiska effekter.*
> *Första maj 1962 ekade talkörerna kring Hakberget och Valhallavägen I Stockholm: "Sydafrika, slut på terrorn!".*
> *Den unga moderna generationen protesterade mot apartheid-regimens massaker i Sharpeville.*
> *Det hördes inga rop på solidaritet med de tusentals svenskar som i samma ögonblick förtrycktes, deporterades och utarmades bara några mil från Stockholm.*
> *Det moderna Sverige ville inte veta, man valda att tiga och glömma."* Slut citat.

5 april 2012

81

Opera med problem – måste vi veta?

E, en ung kvinna, frimodig, intelligent, vacker. Kan vara avundsvärd.

En dekorerad arméhjälte, T, anklagar E att i maskopi med en älskare ha mördat sin bror, arvtagaren.

E bedyrar sin oskuld.

Men vad har hon att ställa upp mot en betrodd man. En kvinnas ord gäller inte lika mycket som en mans.

E har i en dröm sett en räddare komma till undsättning. När hon så ställs inför sin skuld svarar hon svävande. Detta medför svårigheter. Ingen kan ställa en kvinna mot en man i en duell. Därför söks en frivillig, villig att ställa upp för E. Men som vi alla förstår vill ingen frivilligt ställa upp för en kvinnas eventuella oskuld mot sin befälhavare.

E bad till sin Gud att han skulle sända henne sin räddare. Det gjorde Gud. Men Gud gjorde det på ett villkor, räddaren begärde att E inte skulle fråga efter räddarens namn och varifrån han kom. E lovade utan förbehåll.

Räddaren och E duellerade med rysk pistol. Räddaren förde pistolen mot sin tinning och tryckte av. T förmådde inte trycka av, han bröt ihop och föll till golvet.

Räddaren var ädel, skonade T:s liv.

Det kom fram att T:s fru O hade fört sin man på villovägar och fått honom att anklaga E. T förlorade allt och blev tillsammans med sin fru landsförvisade.

Men O var missnöjd. Genom ränker satte hon tvivel i E:s sinne. "Din räddare kan vara vem som helst. Ha lägre börd än Du. Ta reda på vem han är."

På bröllopsdagens kväll när de älskade, för första gången ensamma, kunde inte E avstå.

Hon frågade. Hon förlorade.

T kom till parets sängkammare i avsikt att mörda räddaren. Räddaren dödade T. För att rättfärdiga sin handling ville räddaren berätta sin historia för kung H.

O blev dödad av H:s livvakt, T:s drabanter fördes bort. Räddaren lovade att E:s bror skulle återvända när han, räddaren, försvinner. Så skedde också. Även E segnar ned.

En berättelse ur dåtiden för vår tid. En berättelse som ställer aktuella frågor.

Var går gränsen mellan det vi vill veta och det vi har rätt att veta? Vem eller vilka är det som sätter dessa gränser. Kan folkvalda ta sig rätten att sätta dessa gränser. När skall enskilda och folket protestera. Vem eller vilka skall stå till svars?

För vad?

Operahuset höll. Det rasade inte samman av publikovationerna.

Rickard Wagners text, skriven omkring 1850, gjorde det lätt att uppleva Lohengrin.
Scenografi och kostymer förde oss in i nuet, i varje fall oss, som varje dag följer nyhetsflödet.

Wagners musik i händerna på Hovkapellet och Alan Gilbert flödar av sköna melodier. Musiken är kraftfull. Den påverkar själen och kroppen fysiskt.

Operans solister och kör fyllde huset med välklingande sång.

Fem underbara timmar på Operan i ett starkt kraftfält.

11 april 2012

Storslaget – svårslaget – välslaget

Orkesterfanfar för Alan Gilbert.
När blåsarna blåste fanfar stämde alla filharmonikerna in.
Strängmusikanterna saluterade Alan Gilbert med höjda stråkar.

Stående ovationer från publiken.

Kungliga Filharmonikerna framförde Gustav Mahlers symfoni, nr 6 A-moll (1904/rev 1906), med stor inlevelse och spelglädje. Symfonin är ett 80 minuters intensivt musikaliskt kraftprov.

Vilken kväll, vilken upplevelse!

Symfonin innehåller många stämningar och händelser som jag inte kan tolka musikaliskt.

Det räcker så väl för mig att vara lyssnare.

Uppleva fanfarer, marscher, danser och koraler.
Känna rytmer, växlingar i tempo och ton.
Se dirigenten spela på hela orkestern.
Se orkestern spela på sina instrument.

Jag går alltid och ser en konsert. För mig är musiken visuell.

På måndagen Wagners Lohengrin, på torsdagen Mahlers symfoni nr 6.

Hovkapellet spelade på måndagen och Kungliga Filharmonikerna på torsdagen Alan Gilbert dirigerade båda dagarna. Det är alltid ett under. Alla i orkestern samverkar. Alla tar ansvar. Alla blir ett.

Alltid blir jag lika förundrad, lika imponerad.

Visst är det väl omöjligt att kunna överföra det så inveck-
lade notspråket till så levande musik?
Men varje gång blir det omöjliga möjligt.

Våra moderna medier som radio, television, dvd, film,
eller allt vad det nu allt är, kan inte mäta sig med det som
händer i ett operahus eller i en konsertsal:

Den fysiska upplevelsen, vibrationen, samvaron i ögon-
blicket det händer...

... som när hammaren faller i Gustav Mahlers symfoni nr 6.

14 april 2012

Brudrovet – en nedtystad kvinnohistoria

Allt tog sin början för 5000 år sedan i Sumer, en för oss stängd plats mellan Eufrat och Tigris i Irak.

Gunilla Hultgren beskriver i boken Brudrovet den matrilineära kultur som räknar släktskap på moderns sida.

Mannen flyttar in till kvinnan vid giftermål. Barnen i äktenskapet ingår i kvinnans familj. Blir det skilsmässa flyttar mannen från kvinnans hus hem till sin egen familj.

Sumer, mellan Tigris och Eufrat, räknas som platsen för vår civilisations födelse. Sumer var en stadsstat och dess samhällsstruktur var matrilineär.

Innan man kunde fastställa faderskapet stod modern och hennes barn självklart i centrum. Kvinnans kropp betraktades som självalstrande, den skapade liv ur sig själv.

Det matrilineära arvet kom också ur förhållandet att det var kvinnorna som skapade jordbruket, tämjde de mindre djuren och samlade in i förråden.

Med den indoeuropeiska invandringen följde den manliga dominansen. Folken blev stationära, byar växte upp, städer byggdes kring Nilen, Eufrat, Indus och Gula floden.

Det var denna urbanisering, utvecklingen av handeln, som kom att omvandla det matrilineära samhället till ett patrilineärt samhälle där patriarkatet ofta råder.

Denna utveckling har fortgått sedan 2000 år före vår tidräkning. Det är en kort tid i mänskligt perspektiv som kvinnor generellt varit fria att t ex arbeta för egen lön utanför sitt hem. Franska revolutionen sägs vara ursprunget till den moderna kvinnans frigörelse under parollen: Alla människors lika värde.

Det arbetet är långt ifrån slutfört.

Med intresse läste jag en artikel i NU, Det liberala nyhets-magasinet Nr 14, 5 april, 2012 skriven av Bonnie Bern-ström, Cecilia Elving och Lars Tysklind:
Vad händer med jämställdheten? Jag citerar:

"...Mycket återstår innan kvinnor och män har lika vill-kor i Sverige. Jämställdhetsgapen är fortfarande stora.
Kvinnor tar 77 procent av föräldraledigheten, jobbar deltid i högre utsträckning än män och gör större delen av det obetalda arbetet med höga ohälsotal som följd. Kvinnor får 70 procent av mäns livslön och därmed lägre pension. Därutöver äger kvinnor ännu inte sina kroppar. 17 våld-täktsfall per dag rapporteras till polisen men i endast 13 procent av fallen döms förövaren. Män i sin tur hamnar på efterkälken i skolan, har fyra till fem gånger högre självmordstal än kvinnor, lever kortare och diskrimineras i vårdnadstvister..." Slut citat.

Nils Uddenberg skriver i en artikel "Darwin ständigt missförstådd" i tidskriften Axess Magasin Nr 2 Mars 2012; jag citerar:

"...Vi vill leva i ett jämlikt samhälle, och många mäns benägenhet att svartsjukt bevaka `sina kvinnor´ skapar problem. Män måste lära sig att respektera kvinnors rätt till frihet. Givetvis är det så men den evolutionärt påläste kan le lite försmädligt och påpeka att hos alla djur där hannarna bidrar till att försörja sin avkomma – det må sedan röra sig om talgoxar eller människor – tenderar de att bevaka sina honor. Evolutionens lagar ser nämligen till att de inte slösar sin energi på ungar som inte är deras egna. Detta faktum är naturligtvis inget argument för att vi skall ge upp våra jämlikhetsideal och inte heller någon ursäkt för kvinnoförtryck. Men kanske kan det vara bra att ha klart för sig att de oönskade manliga beteenden vi

87

talar om inte enbart är ett resultat av dålig uppfostran och inlärda sociala mönster..."
Slut citat

Det är alltså inte en tillfällighet att pojkar beter sig som tjädertuppar på danshaket. Inte heller att flickor med förtjusning spelar med i parningsleken.

Men efter leken måste vi alla ändra förhållningssätt till varandra och gemensamt vårda det vi vill ha och det vi har.

En för alla, alla för en.

Frågan om människors lika värde, ett jämställt samhälle, är inte en partipolitisk fråga.

Gunilla Hultgrens bok; "Brudrovet – en nedtystad kvinnohistoria" (Instant Book , 2009, ISBN 978-91-85671-46-5) har givit mig kunskap och en värdefull läsupplevelse.

Boken Brudrovet – en nedtystad kvinnohistoria, är en vacker bok.

21 april 2012

Resan är målet

När jag läste Gunilla Hultgrens bok »Brudrovet« på-
mindes jag om ett nedslag i områdena runt Grand Canyon
och Four Corner. Noterade att jag markerat Hopi-india-
nernas reservat.

Vi kom inte fram till Hopi men vi var mycket nära.

Boken väcker upplevelsen till liv och den inre filmen
spelas upp. Filmklippen är gjorda av minnesluckor och
bortsortering.

Vi beställde hyrbilen i en telefonhytt på San Diegos flyg-
plats, Lindbergh Field.

När vi kom till uthyraren i Las Vegas, visade han oss med
stolthet en stor bred ny amerikanare. Vi skulle få äran att
köra bilen till Denver där den skulle höra hemma.

Men så kom det en annan av personalen och sa:
– Nej inte den, de skall ha den här.
Det var en äldre, lite risig, amerikanare.
– Nej, sa den förste de skall ha den här.
Så blev det.

Det blev en bra början på en 200 mil lång resa över
Klippiga bergen.

Bilen var som tillverkad för oss. Jag hade inte åkt med en
amerikanare med soffa sedan jag efter andra världskriget
åkte i min familjs bil.

Att köra ut på väg nr 15 var okomplicerat. Annat var det
när vi tog ut hyrbilen i San Francisco och körde upp till
Napa via Barkley och tillbaka över Golden Gate.

Men det är en helt annan berättelse.

Las Vegas, spelstaden gav oss en vinst efter en natts spel på nästan tio dollar.

Man kan inte tro att det går att vara så ensam på en väg som vi var på väg 15 norrut mot Salt Lake City. Vi körde denna breda väg i böljande kurvor utan trafik och långt, mycket långt, mellan bebyggelse. Ett hus minns jag väl det var en träbyggnad, två eller tre våningar, med en häck runt tomten.

Ingen bebyggelse i övrigt.

Det small som om ett vapen avfyrats i bilen, Rutan fick en spricka på mitten; tio centimeter lång, ungefär en centmeter bred.

Vi hade blivit varnade för att stanna längs vägen. Vi tog varningen på allvar. Orsaken till händelsen vet vi inte. Vi talade heller inte om det när vi kom fram till Denver.

De kom som rullande taggtrådsbollar.
Ni vet de där kaktusliknande bollarna som vi ibland ser när filmmakarna vill dramatisera handlingen i Cowboy-filmer. Här var de verkliga. Rullade över vägen som spökfigurer ofta på ränder av Nevadaöknens sand som låg i strängar på asfalten. Det var spännande kusligt.

Hur gärna skulle jag inte velat stanna för att jaga en boll.

När vi korsade Coloradofloden var den svindlande långt under oss. Floden gick genom att slättland som om den grävt ett dike i det.

Vår bas i området var vildavästernstaden Cameron några mil öster om Grand Canyon Village. Cameron har inte förändrats sedan vilda västern var ungt och farligt och inte, enligt Google Earth, sen jag var där för mer än 20 år sedan.

Regnar det i Cameron blir gatan lerig och därför är trottoarerna träbryggor.

Vildaste vilda västern och så amerikanskt. Taket i den lokala restaurangen var ett under av lokalt metallhantverk. Alla manliga gäster förutom jag bar keps inne i restaurangen. Drycken till maten, var genomgående whisky, i dricksglas. Längre in och högre upp i Klippiga bergen fanns inte någon alkohol alls på restaurangerna. Alla drack genomgående lemonad.

Indianreservatet, några hundra meter bort från Cameron, intresserade oss. Men det kändes inte familjärt att se sig om där. Vi vände ut omgående.

Grand Canyon var en obeskrivbar upplevelse. Vi gjorde inte någon vandring ner till djupet av canyon. Men vi vandrade i flera timmar på den södra kanten. Det var en magnifik upplevelse i färg och form och den var svindlande, vild, oåtkomlig och vidsträckt. Coloradofloden långt under oss var som ett streck i landskapet.

Allt var öde förutom vi hitresta turister.
Befriande befriat från turisthandel.

Istället för att besöka Hopi-indianerna och se än mer vyer åkte vi till en annan canyon, där en flod på något sätt pressat sig genom ett bergmassiv.

Det var en spännande upplevelse att gå på flodbädden. När vi kom till den djupaste delen där massivet var som högst var det som om vi kom från dag in i skymning.

Resan över Klippiga bergen var full av upplevelser men inte äventyrlig.

Att åka tåg på en resa är ett måste. Vi åkte en riktig vildavästernjärnväg mellan Durango och Silverton. Det var en spektakulär resa. Några timmars tågresa förde oss över en bergskam och ner till en liten gruvstad några mil bort.

Tåget klättrade på räls som hängde över stupen.
Banvallen hade spolats bort av vårfloden. Det knakade och knirkade, det var helt underbart.

Till Denver tog vi en lokal genväg över Arkansas-floden vid Royal Gorge-bron.

Det var då världens högsta bro, från marken till brobanan. Bron är 268 m lång, 5 m bred och 321 m över ravinens botten. Körbanans plankor låg lösa. Mellanrummet dem emellan var mer än fem centimeter. De var ojämna och ostadiga.

I stället för att köra en tillbakaväg på 20 mil övertalade jag mig själv, försäkrade mig, att det var ofarligt för mig att köra över bron utan fallskärm.

Resan, fattig på souvenirer om inte de cowboyskjortor jag köpte i Cortez kan räknas. Den röda av dem har jag på mig nu när jag skriver dessa rader.

28 april 2012

Isis – Nilen – falokan

När jag läste Gunilla Hultgrens bok »Brudrovet« kom jag mycket nära mina nedslag i Egypten. Isis tempel Pihlea som jag besökte utan vetskap om vilken betydelse templet haft för vår världs tidigare utveckling. Kände igen den beskrivning Gunilla Hultgren ger av ankomsten till templet.

I den förtätade stämningen; i den varma fuktiga natten tyckte jag att jag såg Isis i skuggorna.

Gudinnan Isis reste från sitt tempel Pihlea till Libanon där hon fann sin förlorade, bortrövade, make. Isis färdades på Nilens vatten, hon visste hur farligt det är.

Men utan Nilens farliga vatten, som varje år översvämmar den smala remsan åkermark, skulle jorden på Nilens stränder vara ofruktbar.

Nubierna sägs dominera sjöfarten på Nilen.
Själv kom jag nära en av de sjöfarande nubierna och hans son. Vi hade inte ett gemensamt språk. Men vi förstod varandra även om vi båda hade så olika erfarenheter.

Falokan låg intill vår båt. Landgången till falokan var mer osäker än säker. Ingen kunde utan hjälp, man eller kvinna, gå ombord ned i den låga, långa och breda falokan, en flatbottnad jätteeka. Jag kom med nöd helskinnad över landgången. Vilket vi alla skall vara tacksamma för.

Vår befälhavare, var som alla sjöfarare på Nilen, nubier. Han var liten till växten, klädd i fotsydd långskjorta som han snavade över. Hela falokan träffade honom hårt på smalbenet.

Befälhavaren vek sig, vred sig i smärtor, innan han blev liggande över en toft i stäven på båten.

93

Vi var trettio passagerare. Jag stod i begrepp att sätta mig på sista lediga platsen, intill den tomma rorkulten. Det var då jag förstod att ingen hade kontroll.

Falokan drev redlöst på Nilen med tom rorkult.

Utan tanke på min egen säkerhet, förövrigt utan tanke på någons säkerhet, förövrigt, förövrigt utan tanke, tog jag ett grabbtag om rorkulten och vände bort falokan från den snabbt växande hårda kajkantens hot.

Såg mig omkring för att se om någon annan fara fanns i häradet.

Efter en, möjligen två eller tre snabbt bortrunna minuter av Nilens vatten hade jag kontroll, falokan var i min hand.

Det var så naturligt, som om det inte var första gången, i varje fall var det inte onaturligt att segla falokan på Nilens vatten.

Befälhavaren, nubiern, tycktes vara nöjd med min insats. Mannen satt tillsammans med sin son i stäven på båten utan att göra någon ansats av att vilja ta över som rorsman.

Seglet, stort som en trerumslägenhet, omöjligt att se eftersom båten var överdäckad med ett solskydd av segelduk.

Som fågel visste jag var jag skulle finna vindens riktning och hur jag skulle fånga den.

Känslan när jag kom rätt och vinden fyllde seglet, är beskrivlig.

Från rorkulten, genom handen, över armen, genom skuldran, in i kroppen, rakt in i själen kom den pirrande och sällsynta känslan att ha kontroll över något oväntat. Att inte se seglet och ändå kunna fylla det med vind. Få uppleva kraften, motståndet i rorkulten.

Nubierns och mitt samspel var fulländat.

I fören satt befälhavaren och gav tecken så små, så obetydliga, att jag senare förstod att det endast var en kommunikation mellan två själar på samma våglängd, en sjöfarare och en fågel klädd i mänsklig dräkt.

Befälhavarens son satt hos sin far, var orolig, inte för båten, inte för passagerarna, han var orolig för sin far.
Passagerarna var omedvetna vad som hänt. Det var som om det var helt naturligt att jag skulle segla falokan.

Seglatsen gick i trånga sund och mellan stenar som stack upp ur Nilens farliga vatten.

Till och med när vi skulle lägga till vid Botaniska trädgårdens brygga för att gå i land var det jag som var rorsman.

På väg tillbaka till Luxor, en halvtimmes seglats, gick befälhavaren till stäven och satt där tillsammans med sin son.

Nu hade vi vinden perfekt in från styrbord. Jag styrde upp mot vinden och kände i rorkulten när samspelet mellan båten och vinden var som bäst.

Styrde med god fart, på jakt efter de andra falokorna, in mot hamnen i Luxor.

Isis, visdomens gudinna, tog väl hand om den främmande fågeln i den vita falokan.

5 maj 2012

Ormgudinnan i Knossos

Jag vill berätta att jag för flera år sedan var på Kreta. Utöver en upptäcktsfärd till Knossos och Herakleion var vi bara där.

Vandrade på stranden. Ibland i vattenbrynet. Badade någon gång. Vi åkte till byar i nära anslutning till vår förläggning.

Besöket på Knossos kopplade samman Kreta med Portugal genom fresken Tjurakrobaterna".

För "Ormgudinnan" som vi fastnade för på museet i Herakleion fanns inte någon annan plats än som ett Kretaminne på en central plats i bokhyllan.

I "Brudrovet" fick jag veta att ormgudinnan är en öppen, och frimodig symbol för vårt liv, för kvinnas fruktbarhet och vilja att med all kraft skydda den matrilineära kulturen. Till hjälp tar gudinnan markens och himmelns djur. Tjurens horn representerar det manliga och ormgudinnas bröst det kvinnliga, plogen och jorden.

"Brudrovet" är berättelsen om den matrilineära kulturen. Om kulturen som har funnit vägar från Sumer till Egypten, Kreta och Mexico med utlöpa till USA.

Kan det verkligen vara så att våra förfäder hade så vidsträckta kontakter redan för 5000 – 4000 år sedan?

Eller är det så att denna kultur finns (fanns) i vårt DNA?

96

På grund av att de indoeuropeiska erövrarna från stäpperna i nordost saknade kunskap om båtar och navigation skonades Kreta länge från deras invasion. På 1000-talet e Kr var fortfarande matrilineära bröllop vanliga på Kreta.

Ett citat ur "Brudrovet":

> *"Konsten från neoliticum är framför allt kvinnlig. Den kvinnliga kroppen och dess livskapande delar som vulvan, livmodern och brösten framhävs inte bara i statyetter och skulpturer av Gudinnan, utan även i målningar, kulturföremål, grav- och tempelarkitektur. Den manliga aspekten symboliseras av Tjuren, vars horn tillsammans med Gudinnas bröst skapar den helhet och balans som matrilineära kulturer betonar, en balans som även inbegriper naturens övriga varelser och krafter... Med de indoeuropiska erövrarna följde den manliga dominansen och ett paradigmskifte till ett patriarkat som det skulle ta tid att genomföra. Ja, jag vill påstå att det fortfarande pågår."* Slut citat

Ett påstående som det är lätt att instämma i efter att ha sett den politiska debatten i Agenda den 6 maj 2012. En (1) kvinnlig partiledare ställdes mot sju (7) manliga.

Upp till kamp män; – för (jämställdhet och jämlikhet)[7] i samhället.

12 maj 2012

---

[7] Orden jämställdhet och jämlikhet är lika men betyder olika saker. Jämlikhet är när alla människor har samma värde och behandlas lika. Jämställdhet handlar om lika rättigheter för kvinnor och män.

En genomlysning bekräftade det vi fruktat. Avloppet var igenslammat.

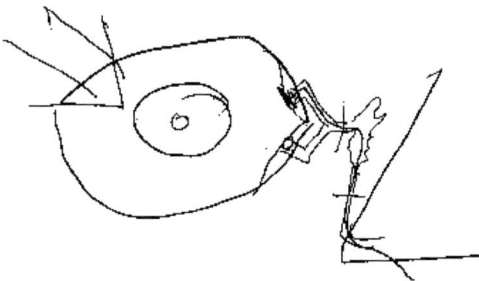

En skiss förklarade problemet som satt just i den punkt grenledningarna går samman.

Detta är VA–teknik i högre skolan.

Bilden ovan är en skiss av mitt högra öga.

Läkaren skall föra in en kateter från höger överkant i mitt högra öga till näsan.

Med en utomordentlig omtanke berättade läkaren i detalj hur "operationen" skulle genomföras. Det här var fin-hantverk. Jag vill påstå att det var en performance. Läka-ren berättade för mig allt vad han skulle göra. Vad som skulle hända.

Det som var så bra var att jag visste vad som skulle hända. En gång var jag före, kände att något hände, sekunden innan läkaren berättade det för mig.

Avspänt men koncentrerat.

När läkaren och sköterskan kom till kateterdragning, rutinen, talade de om en konferens de skulle ha. Avbröt samtalet med "Nu backar vi" – "Den är på gång" – "Nej den hittar inte vägen" osv. Utan att ett ögonblick tappa koncentrationen.

Det kändes som om jag stod vid sidan om och såg på när detta skickliga team koncentrerat samarbetade med den tunna katetern som skulle öppna förbindelsen mellan mitt öga och min näsa.

För mig är det så att kunskap är en bra grund att stå på vad helst man arbetar med.

Men de som blir skickliga, som detta team på Stockholms Ögonklinik, är det de som har något extra inom sig som de kan förmedla.

Är det för att de kan eller kan de därför för att de har positiv utstrålning[8].

Väljs de ut därför att de har förmågan att inta scenen, verksamheten, kommunicera, och inte "bara" för att de är vackra?

Viktigt för oss att tänka på eftersom våra känslor ligger som grund för alla våra beslut och bedömningar.

19 maj 2012

---

[8] Utstrålning, den icke verbala uppsynen hos en människa. (enligt Wikipedia)

99

Du möter en främling som ser allmänt vild och ond ut. "Intuitivt" utan tanke flyr Du så fort Du kan.

Handlingen sker snabbt.

Daniel Kahneman kallar det att man reagerar med "system ett" i sin bok "THINKING FAST AND SLOW" skriver Jenny Maria Nilssons i Axess Magasin nr 3, april 2012.

Du får i uppgift att utan hjälpmedel beräkna 17 x 24. Nu måste Du ta fram kunskaper Du har. Du kan välja 10 x 24, försöka minnas resultatet. Därefter beräkna 7 x 24 och summera. Du gör en eftertänksam handling, en beräkning. Nu använder Du "system två".

Skillnaden mellan snabbt och långsamt tänkande beskriver Daniel Kahneman så här: *"System ett" är automatiskt och snabbt. "System två" rymmer våra kunskaper, förmåga att lösa problem.*

Det är signaler från "system ett" som sätter igång "system två". Uteblir dessa signaler fattar vi snabba beslut. Beslut utifrån våra känslor.

Generellt säger Kahneman att vi övervärderar vår förmåga till relevanta beslut. Samt att de som är tveksamma till sin förmåga gör bättre analyser.

Felaktiga prognoser är oundvikliga därför att världen är oförutsägbar. Eller som filosofen Hannah Arendt beskriver det: *"Händelser är per definition fenomen som ingriper i och stör rutinförlopp och rutinprocedurer; det är bara i en värld där ingenting av vikt någonsin händer som futurologens dröm förverkligas."*

100

1700-tals filosofen David Humes gärning, att definiera var gränserna för vår kunskap går, skall kunna utläsas: *"Låt inte 'system ett' lura Dig utan att se till att aktivera 'system två' "*.

Kahneman säger att vi är irrationella, lättpåverkade och oförmögna att se bortom våra egna intressen, men inte för att vi är onda utan för att vi är evolutionärt präglade för hastiga beslut.

"System två", "SLOW" för, enligt min mening, tanken till Matteus 5:5: *"Saliga äro de saktmodiga ty de skola besitta jorden."*

Det är just detta jag har lärt av Taoismen, som jag, ack så dåligt kunnat nyttja.

Taoismen är inte en religion det är en livsfilosofi.
Taoismen sägs vara föregångaren till Konfucianismen.
Taoismen delar upp våra förmågor i två plan. Solar plexus och den cerebrala hjärnan.

I bukregionen, "solar plexus", sitter den snabba reaktionen "system 1", som vi så väl känner när vi blir stressade eller rädda. Den är platsen för vår ängslan och ångest. För att vi skall kunna göra genomtänkta analyser måste vi medvetet aktivera "system två".

Vi måste stanna upp. Verkliga känslor är centrerade runt "solar plexus". Hjärnan tar upp minnet av de känslorna.

En bra beskrivning är att säga att "system ett" är en "app" ett dataprogram, "system två" en hårddisk.

Men det skall sägas att våra system är oändligt mer komplicerade än en dator.

Datorn behöver regelbunden "vård" för att inte bli slö. Den behöver diskrengöras, defragmenteras och optimeras.

101

Taoisterna säger att ett yttre tecken på att en enskild människas system behöver rengöras, defragmenteras och optimeras, är en utspänd mage med ett allt för stort midjemått.

När midjemåttet är större än bröstkorgen är vårt system inte i balans.

26 maj 2012

Filosofi ett sant nöje

Det jag kommer att berätta nu är sant.

Skulle Du, mot förmodan uppfatta, det jag berättar för osant så är det sant.

Det är därför vi har så svårt att komma fram till beslut. Har vi båda rätt, måste vi kompromissa. Resultatet, lika osant för oss båda.

Alltså: Det finns inga sanningar, det som är sant för Dig kan vara osant för mig, därför kan vi kanske aldrig komma fram till vad som är sant på riktigt.

Men var lugn. Redan Platon invände och vederlade Protagoras teori.

Så vi kompromissar oss fram till osanningar.
Men Du skall veta att jag berättar det som är sant.

Måste lägga grunden för min berättelse med något "vetenskapligt", metafysiken.

Metafysiken är en gren inom filosofin som handlar om sådant vi inte kan uppfatta med våra sinnen, det som är bortom det fysiska.

Den sanna historien om oss: Mina barnbarn bygger, ensamma eller tillsamman med likasinnade, på internet världar som vi i den äldre generationen inte har en "aaaaning" om. De dödar varandra. De river ned varandras hus. De köper och säljer som värsta kapitalister. De försöker med andra ord att lura varandra, ruinera varandra.

Men det är inget att oroas över. De gör precis så som vi i vår geneneration gjort och som alla andra generationer före oss, dödat, lurat, bråkat, krigat.

Min sanning, min berättelse, mina iakttagelser visar mig att vi är virtuella varelser som inte har någon fri vilja.

Ingen egen förmåga att tänka.

Vore vi kloka, skulle vi inte medverka till att någon eller några skulle lida eller dödas.

Vore vi förnuftiga skulle vi inte låta någon på Tellus skadas eller Tellus utsättas för miljöförstöring, oavsett av vilken orsak det än må vara.

Vi är destruktiva därför att vi låter våra känslor dominera våra handlingar.

Sanningen är att vi är programmerade i någon individs eller väsens virtuella värld.

Vi är spelpjäser, som figurerna i ett schackspel. Har Du spelat schack vet Du hur stor vilja en schackpjäs har.

Det är AVATARER vi är, utelämnade till en virtuell spelare.

I sanning är filosofi ett rent nöje.

2 juni 2012

Sommarföljetong

Biggles

Vi låg i buskarna vid Munkahus. De militära sjöflygplanen låg på den andra sidan viken. Flygplanen körde (taxade) så långt in i viken de kunde. Vände upp mot vikens mynning där vi såg de vita "gässen" på vågorna.

Flygmotorerna "puttrade", ett njutbart ljud, under tiden som piloten prövade rodren. Motorljudet ökade i ett crescendo. Vattnet skummade runt flygplanet när det forsade på vattnet.

Just innan det skulle lyfta såg vi klart och tydligt att flygplanets vinge och kropp sjönk. Vi uppfattade också att motorljudet fick en annan ton när flygplanet lyfte från vattenytan. Vattnet blev inte längre en resonansyta när avståndet till vattenytan ökade.

Vi noterade det och vi förstod.

Men att flygplanet sjönk i vattnet strax innan det kom i luften, det var ett mysterium för oss.

70 år senare kom lösningen.

Finländare är duktiga på att bygga stora båtar. För några år sedan skulle de leverera ett stort kryssningsfartyg.

Endast Öresund var djupt nog. Men det fanns en hake, Öresundsbron. Båten var högre än Öresundsbrons spann. Det visste givetvis båtbyggarna innan de ens började bygga båten.

Varvet rensade allt de kunde som stack upp över båtens skorsten. Kaptenen inväntade lågvatten och körde i farleden under bron med den högsta hastighet båten kunde prestera.

105

Det visar sig nämligen att båten sjunker när man kör fort därför att båtens skrov tränger undan vattnet runt båten.

Om nu inte båten är byggd som många moderna fritidsbåtar som planar ut och lyfts upp på vattenytan.

När vi grabbar låg i buskarna vid Munkahus såg vi flygplanen på avstånd. De var mycket mera hemlighetsfulla än kanonerna på Sternö. Där gick vi grabbar omkring som om vi vore på vår egen bakgård.

Inte så konstigt för militärerna var många av kamraternas farsor som, istället för att äta ur snuskburken, åkte hem till frugan när det var dags för middag. Mitt under kriget.

På det sättet fick flyget ett hemlighetens skimmer över sig. Vi kom inte nära, det gjorde inte heller våra farsor.

Flygplanen var omringade av vakter och allt för högt över oss när de flög.

Kan ni tänka er, jag minns inte att jag såg något av dessa flygplan landa.

Fortsättning följer...

1 juni 2012

På sjön

Är vi uppmärksamma kan vi märka, när vi tittar mot horisonten, att vattenytan tycks höjas mot den. Det fenomenet upplevde vi pojkar varje dag vi besökte landets södra kusts milslånga vidder. Vi såg det men förstod det inte och talade inte med andra om det.

Så hände det en dag att jag stod vid en strand och talade med en sjömansänka samtidigt som vi spanade ut mot horisonten.

Då kom jag att minnas det jag upplevt som barn;
"Ser Du att havet stiger mot horisonten?"
"Ja visst", sa den förtjusande sjömansänkan: "Vad är det för märkligt med det? Det vet väl alla som någon gång sett en horisont på sjön."

Vi satt hela familjen på hamnpiren till småbåtshamnen i Höganäs. På ljugarbänken satt tre väderbitna män med ansikten som utskurna i pergament.

Från Öresund kom en vilsekommen blekingeeka, eller om Du vill en blekingseka, seglande med god fart i den hårda vinden in genom den trånga öppningen mellan pirarna.

Ekan svängde upp mot vinden, "manskapet" ombord, två kvinnor, revade seglen styrde rakt in mot kajen. Båten stannade två decimeter från kajkanten. De väderbitna på ljugarbänken tog upp en uppskattande kraftfull applåd.

Vi seglade i Stockholms skärgård med vänner. Hård vind som tvingade oss att reva. Seglade mot den skyddade viken vi planerat att fira sommarkvällen i.

Vännen sa att det var svårt att ta sig in i "lagunen"

107

Det var mycket skrot i inloppet. "Skrot" förstod jag som seglares benämning på stenar, grund och andra hinder, osynliga för landkrabbor.

P seglade med hjälp av K in i den skyddande viken, rundade de förrädiska grunden som så många andra förstört sin semester på. Med vindtomma segel, utan motor, gled segelbåten in mellan två förut ankrade båtar vid de sköna hällarna.

Vännens seglarprestation applåderades av de andra fritidssjömännen i lagunen. De var helt säkra på att P skulle föra sin segelbåt på grundet.

Vad har nu detta att göra om Biggles?

Ingenting, absolut ingenting.

Men det har med sjön och sommar att göra.

Sommarföljetongen fortsätter om annat, men Biggles kommer.

16 juni 2012

Bokbränder - versus utrensning

I en Wikipedia-artikel har jag läst att svenska folkbiblio-
tek, sedan ett antal år, rensat ut samtliga bigglesböcker.
För att pröva om det var sant beställde jag den första
bigglesboken bibliotekarien fick upp. (Vet att man kan
beställa böcker via nätet, men jag ville ha närkontakt med
fienden, strid.)

"Biggles i strid"
Originaltitlen är "Biggles learns to fly". W. E. Johns skrev
boken 1935.

James Bigglesworth var sjutton år och en månad i slutet
av september 1916 när han kom till den militära flygsko-
lan. När han mönstrade var han sexton år och 10 måna-
der. Slarvade med flit bort dopattesten.

Flygskolan återkommer vi till.

Intressant är att Johns, som var en beräknande och upp-
märksam författare, först i den femte boken "lärde"
James flyga.

Vi är inte Biggles med honom än.

På vinden där jag bor finns tio–tolvåringens Biggles-
böcker gömda, men inte glömda, bland andra minnes-
värda böcker som inte fick plats när bostaden omvand-
lades från hus till lägenhet.

Att bränna böcker bär emot.

Genom tiderna har många bokbål tänds för att utplåna,
för överheten, misshaglig kunskap.

Ray Bradbury beskriver i sin bok "Fahrenheit 451"ett
samhälle som vill ta kunskapen från folket. Brandkåren i
det samhället släcker inte bränder, den gjuter fotogen på

branden. De bränner böckerna till aska, och bränner sedan askan. Makterna är rädda för kunnig befolkning. Så var det förr, så är det nu.

Makten vill inte bli genomskådad.
Till detta finns all anledning att återkomma.

Så till James Bigglesworth.

I teaterns foajé fanns många böcker för publiken att bära hem efter eget önskemål. Det fria ordet, skrivet, tryckt, läst och sparat i slitna böcker med patina.

Mitt val föll på "Biggles flyger österut".

Läste den omgående med förvåning och behållning. Tack mor för att Du inte läste i boken innan den kom under granen 1944. På 68 års avstånd i tid framstår biggles-boken som en vuxenbok.

Somliga säger att Gösta Knutssons "Pelle Svanslös" är en vuxenbok.

Men är inte det en helt annan historia?

— Nej det är samma historia.

Fortsättning följer...

24 juni 2012

110

Varför går pojkar ut i krig

Det är inte så märkligt att vi pojkar i början på 1940-talet
"lekte" krig.

Ledarna, ett par sextonåriga pojkar, medlemmar i Hem-
värnet, som vi sju–åttaåringar såg upp till. I skolans trä-
slöjd hade de hyvlat och filat till handgranatsliknande
trästycken med hål i den grövre delen. I det hålet kunde
de fästa en ettöresraket.

Pojkar var "stora", de rökte, hade tändstickor, tände hand-
granaterna och kastade dem mot fienden.

När vi inte blev beskjutna av fienden fick vi, kvarterets
unga ungar, marschera fram och tillbaka med käppar som
gevär.

Vår beväpning var inte så sofistikerad som ungarnas i
Bosnien på 1990-talet. I Bosnien hade barnen låtsasgevär
liksom Astrid Lindgrens Emil i mörkaste Småland och
som min pojke och mina barnbarnspojkar lekt in i vår tid.

På födelseorten drogs Sveriges försvar samman. Vi barn
såg dem. De kom på stora lastbilar som drog kanoner.
Det var verklighetens soldater, verklighetens kanoner, verk-
lighetens gevär.

Frågan: "Varför går pojkar ut i krig…?" är enkel att svara
på: Vi på 1940-talet gjorde som de vuxna, vi krigade. I
Bosnien gjorde barnen som de vuxna.

Men frågan går vidare; gjorde de det som lek i Bosnien
eller för att hjälpa till?
Den frågan är inte lika enkel att besvara.

Det var inte bara barnen på födelseorten som tog och tar
efter vuxnas beteende.

111

Alla pojkbarn har gjort det och gör det än i dag.
I krig och i fred.
För krig och för fred.

Vi vuxna överför vårt beteende till våra barn på ont och gott.

Biggles kom som näst intill ett barn till flygskolan i september 1916. Han var inte stort äldre än mina lekbefälhavare på 1940-talet.

"En ljus hårlock stack fram på ena sidan under en vårdslös påsatt flygarmössa... Ögonen glittrade... Dragen var finskurna ... kraftig haka och en bestämd mun... Där fanns absolut ingen vekhet.

Men händerna var små... som en flickas."

Det är beskrivningen av Biggles, i boken "Biggles i strid" utgiven av W. E. Johns, 1935, när han kom till flygskolan i byn Settling i Norrfolk.

Nerkinson, flygläraren lämnade Biggles ensam i flygplanet: "Ni är absolut okay", sa han, "bortsett från att Ni har en benägenhet att komma in för snabbt. Glöm inte bort det."

Biggles gav full gas. Stjärten lättade när han förde spaken mjukt framåt, till hans förvåning lyfte planet lätt som en fjäder när han tog spaken mot sig; men nålen på hastighetsmätaren sjönk tillbaka oroväckande hastigt.

Han förde spaken framåt ... hjärtat bultade.

Biggles upplevde känslan att för första gången flyga ensam.

Fortsättning följer...

2 juli 2012

112

Biggles vet inte...

...hur mycket bensin det finns i tanken. Han blev tvingad upp i luften. Biggles vet inte var han är.

Det började skymma. Blev det mörkt skulle han inte hitta hem även om han visste var han var. Biggles kom ihåg kartan han hade i stolsfickan. Men vad skulle den hjälpa honom. Biggles var medveten om att han var vilse.

Enda sättet att få reda på var han befanns sig var att landa och fråga. Han studerade marken under honom. Han fann efter en stund ett fält att landa på. Fältet var enormt stort, grönt och vackert.

I sista stund såg han att det inte var gräs. Han höll på att landa på en rovåker. Full gas och spaken i magen räddade honom från att stå på nosen med maskinen.

Efter en stund såg Biggles ett fält som såg tilltalade ut att landa på. Vis av skadan drog han inte av gasen förrän han var övertygad om att åkern var en stubbåker.

Biggles kände en enorm lättnad och förvåning när han hörde hjulen rulla på marken. Det var inte utan överraskning han konstaterade att han stod stilla och på marken.

"Jag har landat!" "Landat utan att förstöra något, hur gjorde jag det? Fina gamla kärra!" Biggles klappade sittbrunnens läderklädsel. "Du måste ha kirrat det själv."

Biggles tittade sig omkring Ett öde landskap. Inte ett hus, inte en väg ingen som kunde tala om för honom var han var. Biggles hörde motorljud. Reste sig i sittbrunnen och såg en Rumpity som flög rakt mot honom. "Härligt", ropade Biggles "Nu får jag snart veta var jag är!"

113

Flygplanet landade intill hans maskin. Kan det vara…
tänkte Biggles.

Det var som Biggles anade kapten Nerkinson, hans flyg-
lärare, som hade landat. "Vad håller ni på med för lek?
Vem har sagt år er att landa utanför flygfältet?" "Jag har
flugit vilse", sa Biggles. "Ni är inte vilse. Ni har flugit
över fältet tre gånger senaste timmen." sa Nerkinson.
"Då ligger fältet bara några kilometer bort?" "Det är
bortom häcken där." "Låt oss flyga över häcken", sa
Nerkinson. "Men följ mig, släpp inte min maskin med
blicken."

Nerkinsons maskin gjorde bara ett skutt över häcken och
Biggles följde honom som han blivit tillsagd. Biggles bör-
jade glida ner efter Nerkinson, kom som Nerkinson förut
påpekat med allt för hög hastighet in för landning.
Biggles "missade" Nerkinsons maskin med några centi-
meter. Hade inte en mekaniker tagit ett kraftigt grepp om
Biggles vinge och styrt undan maskinen hade katastrofen
varit ett faktum.

"Försöker ni ta livet av mig?" "Ni sa att jag inte skulle
tappa bort er!" "Det gjorde jag, men jag sa inte att ni
skulle ramma mig, galning! Om ni håller er lika tätt i
hälarna på tyskarna som på mig, så blir ni inte att leka
med i luften."

Tre dagar senare vid anslagstavlan:

"Vad är det?" "Kommenderingar." Biggles trängde sig
fram:

"Fänrik Bigglesworth, J., till Stridskolan nr 4 i Frensham"

Fortsättning följer…

10 juli 2012

114

Efter en natt på tåget kom Biggles till Stridsskolan nr 4 i Frensham, Lincolnshire[9].

Han fick ett rum tilldelat, kastade in sina persedlar och sökte upp sin chef major Maccleston.

"Vänta, han är i luften."

Biggles såg många flygplan i luften. Flera av dem dök mot marken och sköt med kulsprutor.

Det stod en grupp piloter intill gräsfältet och väntade på sin tur att flyga. En Pup[10] väckte Biggles intresse, det var den maskinen han helst av allt vill flyga, den taxade ut till start samtidigt som en FE[11] kom in för landning. Biggles stelnade av skräck, förstod att detta inte kunde sluta lyckligt. Den första kraschen inför ögonen på Biggles. Flygplanen splittrades upp och fattade eld.

En flygsergeant betraktade Biggles:
"Ni vänjer cr. Vi hade sju döda förra veckan."
Biggles vände sig om och gick.

Flygningen verkade inte så lockande längre.

En flyglärare bröt de negativa tankarna. Nåja inte helt, men han fick annat att tänka på.

"Hoppa upp, vi skall ha en skjutövning."

---

[9] Enligt en flygkarta möjligen EGSQ Clacton
[10] Sopwith Pub, Tvådäckat spaningsflygplan med roterande motor.
[11] FE 2B En tvåsitsig "noslång" typ mycket vanlig under första världskriget.

Adjutanten kallade på Biggles ett par dagar senare.

"Vad gäller det?" frågade Biggles.

"Det händer saker i Frankrike. Tyskarna tar kål på oss."

Adjutanten gav Biggles en förflyttningsorder och en tåg-biljett. "Ni skall till Frankrike via Newhaven och Dieppe."

"Jag har inte avslutat min utbildning. Har prov kvar att göra." "Har ni med er journalerna och kortet?" Biggles lämnade över handlingarna. Adjutanten markerade de ogjorda proven som gjorda.

"Nu har ni klarat proven. Vingarna är era."

Biggles gjorde ställningssteg och gick till sitt logement för att packa.

Biggles uppfylldes av två tankar:

Den första var att han var accepterad som pilot och fick bära vingar.

Den andra att han skulle till Frankrike

Tanken på att han endast hade femton flygtimmar föll honom inte in.

Det finns de som påstår att Nordpolen är den mest öde platsen på vår planet. Andra säger att det är centrum av Saharaöknen.

De har fel...

Fortsättning följer

15 juli 2012

116

W. E. Johns fortsätter sin berättelse om Biggles här tolkad av pennhållaren.

Den ödsligaste platsen, den mest mörka platsen på vår jord är Newhaven Quay, vid engelska kanalkusten. Platsen är en skräck under vanliga omständigheter men nu under världskriget en mardröm.

Biggles satt hopkrupen i ett hörn. Allt är släckt, inte ett ljus.

Fienden var aktiv.

Ett litet ljus skulle öppna vägen för den onde.
Många har dött krigsdöden för ett bloss på cigaretten.

Skuggor fladdrade förbi. Det var många som skulle resa över kanalen denna mörka natt mot okända öde.

Plötsligt dök han upp, veteranen. "Inget vidare det här."; sa han. "Nej det är hemskt", svarade Biggles.
"Är det din första resa?" "Ja", svarade Biggles. "Kommer det alltid att vara så här hoppas jag att det blir den sista."
"Det blir det kanske. Så oroa Dig inte." "Ni är verkligen uppmuntrande."

De samtalade en stund om kriget och flygning.
Veteranen gav Biggles några tips.

Det hördes ett slammer när landgången slog i kajen. Alla rörde sig mot fartyget. Inte motvilligt för allt annat skulle bli bättre än timmarna i Newhaven Quay.

"Trevligt att ni är här Bigglesworth. Om ni kan flyga kommer alla här att bli överförtjusta", sa personalofficeren.
"Hur många timmars soloflygning har ni?"
"Nästan nio timmar, Sir."

117

Officeren gjorde en grimas. "Har ni flugit FE?" "Inte ensam." "Spelar ingen roll, de är lätta att flyga."

Biggles gick till sitt kvarter.

När han packat upp gick han mot mässen.

Ett plan gjorde en inflygning för landning. Typen kände inte Biggles till. Men han ville inte visa sin okunnighet så han fortsatte sin promenad. Toddy, personalofficeren betedde sig underligt. Rusade mot mässen. När han kommit halvvägs kastade han sig i en grop.

Biggles uppmärksammade ett underligt visslande ljud som om han höll på att bli överkörd av en skenande truck. Han kastade sig åt sidan.

Så kom en smäll; jord, stenar och grus kastades upp i luften.

Hela flygfältet tycktes regna ner på honom.

Fortsättning följer.

22 juli 2012

"Vad är det här?" Biggles fråga möttes av en skrattsalva. Den skrattsalvan var märklig, men lättare att överleva än skottsalvorna.
"Brukar ni alltid hälsa nykomlingar välkommen så här?" "Nej, men tyskarna gör det." "Låter ni honom komma undan?" "Han är hemma nu." sa officeren. "Jag heter Mapleton, grupp A, Här har vi Mariot. Lutters, Way och Mcangnus. Vi tillhör alla grupp A. De andra är på upp-drag."

Biggles märkte att Mapleton stelnade.

"Två!" flämtade Mariot. "Vi möter dem" sa Mapleton.
Det som nu mötte Biggles kom han aldrig att glömma. Ofta, ofta kom han att bli påmind.

En enda blick på piloten och Biggles förstod att han bevittnade en tragedi.

Piloten gick, följd av två andra officeren, mot mässen.
Biggles hade inte uppmärksammat flygplanen. De hade genomborrats av kulor.

Två mekaniker lyfte ur en livlös kropp. "Det är bäst att ni håller er undan" sa Mcangus. Biggles stannade kvar.

Mcangus hade rätt. Detta var inte en upplevelse för en nyanländ pilot. Åter hörde en flygplansmotor. Biggles såg ett flygplan som girade upp mot vinden för att landa.

Flygplanet stannat där Biggles; han såg att det var fullt av kulhål. Piloten, en rödhudad pojke, stod och log belåtet. Så kom en skrattsalva igen.

Biggles stirrade förvånat på piloten som skrattade döden i

ansiktet. Kanske var det ängslans skratt eller var det skrattet från den som slumpen räddat från en säker död.

"Chefen vill tala med er genast."

"Jag är rädd för att ni kom olämpligt." sa han: "Jag menar för er själv. Ni skall tjänstgöra i grupp A. Jag tror att Way saknar ordinarie pilot. Bigglesworth kan flyga med honom." "Ja, Sir" nickade Mapleton "Han är den ende spanare jag har som saknar ordinarie pilot."

Det kom att ta lång tid och många möten med "den stora döden" innan Biggles blev herre i ett eget flygplan. Biggles noterade inte att det var skytten som hade ordinarie pilot; inte piloten som hade ordinarie skytt.

Pilotens uppgift var svår nog att flyga flygplanet i en position i förhållande till fienden så att skytten skulle kunna skjuta verkningseld. Det skulle också ta lång tid innan Biggles själv kunde avfyra en kulspruta..

"Du kommer att gilla Mapleton", sa Mark Way "Här kommer han, Bigglesworth, jag vill inte jäkta er, men jag skall ut på en kvällsspaning. Tror att det kommer att bli lugnt. Ni får ta en titt på landskapet, pröva på lite luftvärnseld och Mcangus får vila. Han ser trött ut."

"Naturligtvis följer jag med."

Biggles gjorde på eftermiddagen en tur på egen hand med en FE. Det gick bra, maskinen var lättflugen och hade inga konstigheter för sig. Men var Biggles själv beredd på verkligheten?

Fortsättning följer…

29 juli, 2012

Biggles kände en berusning av skräckens förväntningar när han såg Mapletons plan starta. Marks och Biggles plan var trea i gruppen. Flygplanen cirklade runt flygfältet för att komma upp till 2100 meter, som var deras marschhöjd. Biggles hade fullt upp att göra med att hålla flygplanet flygande i stigande sväng.

Mark uppmärksammade honom på att de andra flygplanen flög bort från flygfältet. Biggles visste att han så snabbt som möjligt måsta hinna upp dem.

Han sänkte nosen på planet för att öka hastigheten samtidigt som han ökade motorvarvet för att hålla flyghöjden. Efter en stund kom han in i formationen. Mark gav honom ett uppskattande leende och en klapp på axeln.

Biggles hjärta hoppade upp i halsgropen när Mark började skjuta. Men hjärtat föll på plats när Biggles påminde sig Marks ord "Ibland måste jag skjuta, värma upp vapnet."

Men det dröjde inte länge förrän Biggles hjärta hoppade upp i halsgropen igen.

Orsaken till hjärtas oro var det tyska luftvärnsgranaternas plymer som exploderade intill flygplanet.

Biggles blev rädd men också nyfiken. Han betraktade med bävan skådespelet. Så vaknade han upp. Han och Mark hade kommit utanför formationen. Biggles såg på Mark, som pekade med hela handen och skrattade.

Nu vet vi att Biggles sänkte nosen och ökade motorvarvet. Han flög snart in i sin position i formationen.

Biggles fascination för granatplymerna avtog och hans förmåga att parera luftstötarna från explosionerna tilltog.

Biggles hade inte flugit så länge någon gång. Han blev trött. Hela tiden fick han arbeta för att hålla flygplanet flygande och på rätt köl.

Luftvärnet slutade plötsligt skjuta i samma ögonblick som Mark sköt med sin kulspruta. Mark värmer igen tänkte Biggles. Nu när det var lugnt omkring flygplanet passade han på att titta över kanten på sittbrunnen.

Biggles hisnade över synen som mötte honom.

Mindre än femtio meter under hans flygplan såg han en vinge med ett malteserkors. Skytten siktade mot Biggles men föll ur flygplanet flaxande mot marken. Det tyska flygplanet vek sig och snurrade runt med en rökspiral efter sig.

Biggles upptäckte de egna flygplanen när han såg att Mapleton plötsligt dök nästan lodrät mot marken. Han tryckte fram spaken och kände sig exalterad av den höga hastigheten, det höga ljudet från propellern, och inte minst fartvindens tjut i stag och vajrar.

Så här skulle det alltid vara att flyga.

Fanns det en äventyrare i Biggles?

Att Mark hela tiden är vänd bakåt var en besvikelse för Biggles.

Mapleton gick över i planflykt.

För första gången under denna långa flygning studerade Biggles landskapet. Han såg inte de vackra höstfärgerna. Förmodligen såg han inte heller de landmärken han sökte.

Ett grönt signalskott från Mapleton. Formationen bröts, var och en skulle på egen hand ta sig hem till flygfältet.

Biggles, vis av skadan från utelandning i England, följde de andra. Han bävade inför landningen. Kroppen kändes stel som en marmorbyst.

Men det gick bra. Sist av de tre girade Biggles upp mor vinden och landade.

Hur mycket mer kan någon fordra av en sjuttonårig pojke?

"Där fick vi den" sa Mark."

"Menade Du den gröna under oss?"

"Nej, den fixade Conway. Vi fick den blå."

"Den blå?" sa Biggles "Hur många var de?"

"De var sju, vi sköt ner tre av dem."

"Hur skulle det ha gått om jag varit ensam?"

"Oroa Dig inte. Du lär Dig. Såg Du svärmen som jagade oss när vi dök?"

Biggles skakade på huvudet.

"Inte! Det borde Du ha gjort."

"Jag som trodde att Mapleton dök för att komma hem."

"Ja det gjorde han också. Kom så går vi och tar oss en kopp te."

Fortsättning följer…

5 augusti 2012

Befälen berömde aldrig Biggles, sa inte till honom att han var duglig. På sin höjd sa de sinsemellan att han var intresserad. Inget av befälen sa något positivt om någon. Kom de hem, tillbaka efter ett uppdrag, hade piloten och skytten tur.

Biggles fick i uppdrag att i mörker flyga en plommonstopklädd äldre herre över fiendens linje. Flygningen i mörker var ett farligt uppdrag. Att landsatta en spion, en sabotör, rakt in i fiendens armar var mer än farligt, det utmanade turen.

Mapleton, som varit med om kurirflygning, berättade för Biggles att tyskarna kamouflerade landningsbara fält med gömda diken. Biggles måste, enligt Mapleton landa brant, kasta ut lasten, ge full gas och försvinna.
Det är tiden som är avgörande.

Den plommonstopklädda anonyma mannen tog leende kommandot, pekade med handen framåt och uppåt. Biggles såg verkligheten framför sig precis som kartbilden i planeringsrummet.

Efter 40 minuters flygning såg han målet. Vägen och fältet strax utanför bebyggelsen var en väl vald plats för landningen.

Biggles drog ned varvtalet på motorn till tomgång. På låg höjd blev det becksvart under honom. Plommonstopet plockade fram sina två paket, ett innehöll duvor; det andra betydligt tyngre paketet innehöll sprängmedel.

Biggles vinggled för att få brant snabb landning.
Plommonstopet kastade ut sina paket och försvann i mörkret; Biggles flög hem.

Klockan fyra väcktes han av sin kalfaktor som kom med rykande varmt te.

Att flyga tillbaka tre timmar efter att ett sabotage som genomförts bara någon kilometer från landningsplatsen är att mycket tänja på den tur som kan finnas.

Biggles och plommonstopet kom tillbaka med ett flygplan genomborrat av fiendens kulor.

Var det någon som höll pojken Biggles, 17 år, i handen när han somnade denna tidiga morgon?

Fortsättning följer...

12 augusti 2012

Divisionschefen Major Muller berättar att Mapleton är död och att Mark Way är allvarligt skadad

Biggles är inte medveten om att han chockas av beskedet.

Än värre blir det när han får klart för sig hur det gick till. Efter en nödlandning hade de beskjutits på marken av den tyske flygaren von Kraudil. Närmare mord går det inte att komma.

Biggles kände att han måste vara ensam. Han grät. Han kände hat mot den, som bortom krigets ohyggligheter gjort detta.

Hans kropp krävde hämnd.
Hat och hämnd är inget bra känsloläge för överlagda handlingar. Biggles ville vara den som tillintetgjorde denne hänsynslöse tyske pilot.

När Biggles sent omsider kom till hangaren för att ta upp jakten på den förhatliga piloten var alla andra piloter redan ute på spaning i samma ärende.

Biggles kom tillbaka för att tanka. Efter två timmar i luften hade han inte sett till den efterspanade tysken.

Sambandsofficeren kom springande just som Biggles skulle starta och sa var de sett den tyske pilotens flygplan. På väg till den utpekade platsen såg Biggles en tyskt blå maskin som flög in och ur moln. Han försökte gömma sig för att kunna anfalla ur ett bakhåll.

Biggles sökte upp en plats varifrån han kunde anfalla tysken. De drabbade samman i en våldsam luftstrid som slutade med att Biggles kom bakom fienden. Biggles följde spårljusen. Fick en träff, flygplanet började brinna och störtade mot marken.

Biggles fortsatte mot sitt mål; att få sin hämnd.

Biggles hjärta slog hårt, hela hans kropp spändes som en fjäder när han såg det efterspanade flygplanet. De flög nästan in i varandra när de kämpade om att först få in den avgörande träffen. Den tyske piloten gav upp och landade på engelsmännens sida av fronten.

Piloten stod utanför flygplanet omgivet av artillerister. Mahoney och Biggles landade. Biggles rusade fram till piloten frågade om han var von Kraudil.

"Nej, nej Schultz.", svarade tysken.
"Han talar sanning", sa artilleristen som höll i tyskens bricka.
"Men Du flyger ju von Kraudils flygplan"
"Det fick jag i dag", sa tysken, "han har ett nu blått."
"Då var det von Kraudil", sa Biggles tyst för sig själv.

Dagen efter.

"Upp, Sir, klockan är halv sex, Ni skall flyga klockan sex."
"Försvinn", sa Biggles, gömde sig under täcket.
"Upp och drick ert te."
"Vädret?"
"Inget vidare."

Fortsättning följer...

19 augusti 2012

Mahoney ledde gruppen med fyra flygplan. Sikten dålig, dis, markdimman låg tät. Över dem växte molnen upp. Ledarflygplanet kryssade fram mellan molnformationerna. Biggles hade aldrig sett så stora moln, aldrig så vackra moln som dessa. De steg för att komma över molnmassorna.

Mahoney undvek att leda in sin grupp i molnen.
När de nått över toppen på molnet vingtippade Mahoney och sköt ett rött signalskott. Fienden är i närheten.

När Biggles flög ut över molnkanten hisnades han.

Kratern i molnet var tretusen meter djup och femhundra meter bred. I botten av kratern fanns små prickar som Biggles tolkade som flygplan inte större än rovfåglar.

Det var inte tal om att dyka i rakt ned till fienden. Dykningen måste göra i en spiral. Att komma in moln i sväng skulle vara förödande, det är farligt nog att komma in i moln i planflykt. Det visste Mahoney, det visste Biggles, det vet alla.

Snart befann de sig i den svåraste luftstrid Biggles upplevt.

Biggles hade hela tiden tankarna på att han inte skulle kollidera med vän eller fiende. Ibland var det bara fråga om centimeter. Han blev övermodig, gjorde det ena anfallet efter det andra i avsikt att skjuta ned fler fiender innan de dödar honom. Att han skulle bli dödad var han helt övertygad om.

Något slog in i Biggles flygplan, kompassen gick i småbitar.

Vätskan sprutade in i ögonen på Biggles. Han blev nästan blind.

Så plötsligt var han ensam.

Biggles var illa ute, ingen kompass, flög i disigt väder med dålig marksikt. Efter en stund upptäckte han en Camel som kom ur ett moln. Han vet vägen hem, tänkte Biggles, honom följer jag.

När han kom närmre det andra flygplanet såg han att det inte hade någon propeller. Flygplanet sjönk och sjönk. På trehundrameters höjd fick Biggles marksikt. Flygplanet han sökte nå var på väg att landa. Biggles följde efter landade intill det propellerlösa flygplanet.

Häpnade över vad han såg. Det var Mahoney, som hade övergett det brinnande flygplanet. Nu kom han springande mot Biggles med signalpistolen i sin hand.

"Hoppa upp och håll i Dig" skrek Biggles till Mahoney.

Flygplanet tog lång tid på sig för att börja flyga med den tunga lasten.

När de kom upp i luften ropade Biggles: "Vet Du var vi är?" "Ja" skrek Mahoney. Mahoney lotsade Biggles till basen.

När de kom hem gjorde Biggles en klumpig landning inför sin division med det ovanligt lastade flygplanet.

Mahoney gick direkt fram till major Mullen: "Sir, jag ber att få rapportera att Bigglesworth plockat upp mig i Tyskland sedan min motor skjutits till skrot."

Major Mullen tittade på den bleke darrande Biggles. Han hade sett det förr. Även den starkaste, även den bäste. "Bra gjort Bigglesworth, gå nu och vila och rapportera till mig senare."

Åtskilliga timmar senare: "Ni känner visst av det?"

"Jag, nej Sir!" sa Biggles trotsigt, nästan arrogant.

"Jo det gör ni. Mig lurar man inte min gosse. Allt har sin gräns. Ni har skött er bättre än många av oss. Åk nu och hälsa på Mark Way. Glöm bort allt vad flyg heter."

Biggles tog majoren i hand och gick.

Var Biggles en flygare eller en äventyrare?

Fortsättning följer...

26 augusti 2012

Farfar var på Nationalmuseum med ett barnbarn, lunch ingår i Bedstefars museipaket. Sitter på restaurangen i den taklagda innergården. En bra miljö för kontemplation med barnbarn och god mat.

Fyra män, i den ålder när ungtupparna börjar nafsa efter deras jobb, sätter sig vid vårt bord. De talade sinsemellan om anställningar. En av dem berättade att nestorn i hans bolag kallade till sig de utvalda sökandena och frågade, efter en stunds kallprat (en väl så viktig kompetens) om de hade tur.

Endast de som oförställt erkände att de hade tur gick vidare i processen.

Biggles var vilse ibland.

När Biggles flög ensam för första gången hade han inte kartan framme. Läraren sa att han skulle flyga i tio minuter. Ni kan inte ana hur vilse det går att komma på fem minuter.

Biggles hade varken kontroll på klockan eller var han befann sig. Han var som berusad av att få flyga ensam. Hade han inte kommit till kusten tror jag att han skulle ha flugit tills bensinen tog slut och motorn stannade.

Biggles hade tur när han landade andra sidan häcken.
Han hade aldrig sett ett flygfält från luften. En flygelev, med så få flygningar som Biggles, har inte tid att navigera. Han har mycket nog att göra med att försöka flyga.

Biggles aktade sig för moln.

Med den utrustning flygplanet hade under första världskriget gällde det att alltid ha marksikt. Efter ett par minuter i moln kan balanssinnet spela piloten ett spratt. Piloten kan tro att flygplanets läge i luften är helt annat än det verkliga. Biggles flög ofta i moln och gömde sig för fienden. Men Biggles visste att om han kom in i ett moln måste han ur det så fort som möjligt, annars kunde han vara ohjälpligt förlorad.

Biggles var fåordig, talade inte om sig flygning.

Berättelserna om Biggles flygningar är summariska, men ändå finns det en flygkänsla som inte är en beskrivning, det är en upplevelse av flygning som flygning.

Men några tips inför sina egna flygningar fick aldrig Biggles. När han träffade Mahoney i Newhaven Quay sa han att han skulle ge honom tips om han kom till hans division. Vi vet att han kom till Mahoneys division.
Men Biggles fick aldrig några råd.

Berättelsen om Biggles första flygning är en beskrivning om allas vår första egna flygning (EK). Känslan att helt ensam, flyga flygplanet, att inte ha en erfaren flyglärare i baksätet. Den upplevelsen, den känslan, sitter som gjuten i kroppen ännu fyrtio år senare.

W. E. Johns kunde beskriva den känslan så att en 10-årig redan flygfrälst pojke förstod. Men i övrigt är Biggles-böckerna bara en utfyllning mellan motoruppvärmningar, starter, svängar, stigningar och landningar.

Aldrig hade de briefing före en flygning eller debriefing efter en flygning.

fortsättning följer…

1 september 2012

I boken "Biggles i strid" beskrivs Biggles av W. E. Johns:

> "... Han var spenslig, snarast under medellängd och såg på
> något sätt förnäm ut. En ljuslock stack fram på ena sidan
> under en vårdslöst påsatt flygarmössa. Ögonen, som nu
> glittrade av glad förväntan, var vad man brukade kalla
> nötbruna. Dragen var finskurna, men den kraftiga hakan
> och munnens bestämda linjer avslöjade envishet och vilje-
> styrka. Där fanns absolut ingen vekhet. Men hans händer
> var små och vita och kunde tillhört en flicka..."

Biggles var orolig för att hans officerskolleger skulle upp-
täcka att han var känslig, att han hade lätt att gråta.
Rent ut; han skämdes för att han var så blödig. Biggles
hade svårt att se sina döda och skadade kamrater komma
tillbaka i flygplan eller på lastbil.

När Mapleton dödades och Marks skadades låste han in
sig och grät i flera timmar.

Biggles var osjälvisk. Han tvekade inte att landa efter det
havererade flygplanet i fiendeland. Piloten behövde hjälp,
den ende som kunde hjälpa var Biggles; han skulle hjälpa
vem det än var som behövde hjälp.

Tro nu inte att han gjorde det utan rädsla.

Han visste inte att han följde Mahoney. Biggles tvekade
inte om att Mahoney skulle med hem. Han visste att
flygplanet skulle bli överlastat, han visste inte om det
skulle komma upp i luften, tankar som fanns i hans
huvud.

Han kände rädsla att genomföra det men gjorde det.

Det är det som är mod.

133

Är den modige inte rädd är han inte modig. Det är rädslan som gör den modige vaksam, försiktig och ansvarsmedveten. En modig handling görs inte intuitivt, den är beräknad.

Biggles var en pojke när han kom till fronten.

När Biggles "gick i väggen" kallade major Mullen honom "min gosse".

Han kom inte tillbaka till sin division i Frankrike.

När vi lämnar Biggles är han fortfarande en pojke på 18 år, veteran med kaptens grad, hans ansikte och hans blick är en äldre mans.

Biggles förflyttades till Palestina där han utgav sig att vara en annan än den han var. Blev inbäddad hos tyskarna i ett förvecklingsdrama.

Biggles talar, som vi vet, inte om sina upplevelser men till sin vän Algy sa han att han aldrig vetat vad fruktan ville säga, förrän han kom till "Det förlovade landets" ökensand.

Det är viktigt att notera att vi inte har någon kunskap om vad han gjorde mellan böckerna.

Biggles slogs ofta dagligen med "Döden" men kom han någon gång i kontakt med "Lilla Döden"?

Fortsättning följer...

6 september 2012

Den verkliga Biggles

Den verkliga Biggles är sjöman.
Flygplan är ett luftfartyg.

Med egen upplevelse vet jag att segla är som att flyga ett flygplan eller tvärt om, välj själv. Rorkulten på båten och spaken i flygplanet har lika kontakt med sitt element. Elementets kraft känns i handen.

Min Biggles till sjöss var bara några och tjugo år när han som befälhavare förde skonertskeppet Lydia mellan svenska och tyska hamnar under andra världskriget fram till september 1944.

Foto: Kent Ombergs samling via Anders Omberg
Tack till Lars Johnson, tillåtet mig att publicera bilden av Lydia.

Skutornas officiella last var klenvirke "props" som tyskarna använde i kolgruvorna för att stötta upp brottytorna.

Det sägs att det även kunde förekomma metaller och kullager i lasten. Gick de med last hem till Sverige var det med koks eller kol.

Det var inte bara genom sjöfarten som tyskarna var angelägna om att ha goda relationer med Sverige.

På kulturområdet hade vi så sent som 1942 musikaliskt utbyte med Berlin. Svenska tidningar hade korrespondenter i Berlin. Tidningarnas chefredaktörer besökte ofta sina korrespondenter i Berlin med avsikt att de tillsammans skulle skapa goda och givande kontakter med makten.

På 1940-talet fanns det inte radar för civil sjöfart, inga radiofyrar inte ens Decca navigering eller GPS och inga fyrar. Navigering med segelfarkost är komplicerat eftersom hänsyn måste tas till möjlig kurs med tanke på vindriktningen, till båtens avdrift, eventuella vattenströmmar. Då land inte är i sikte är man tvungen att beräkna sitt läge utgående från tidigare position och senare kurs och fart. Den formen av navigation kallas död räkning. Mycket komplicerat, många faktorer att ta hänsyn till.

Det var många skutor som gick på traden mellan Sverige och Tyskland under första halvan av 1940-talet.

Mina grabböron var stora som en elefants när min Biggles någon gång berättade om resorna.

Var det natt förde de inte lanternor, de ville inte bli sedda. De seglade sina skutor, de ville inte höras. När det var nattmörker såg de inte varandra, men de hörde hur andra båtars tågvirke knarrande runt dem. Ibland hände det att de var så nära varandra att de ropade och ibland fick de svar. De samtalade inte, de identifierade sig endast med fartygets namn.

Jag minns att min Biggles berättade att när bomberna slutade falla över Stettin och skyddsrummen öppnades, rusade människorna ut på gatorna, många brändes till döds av värmen. Han berättade och jag hörde hans ord. Hur mycket mer bar den mannen på?

Den 4 september 1944 fanns ett reportage i en tidning i vilket den unge mannen berättade om vad som hänt dem i Stettin natten mellan den 29 och 30 augusti.

> *"Bomberna hade fallit över staden. Massor av hus lades i ruiner; stora bränder uppstod och människoliv gick till spillo, ja det talas om att flera tusen dödats av bombers splitter eller begravts under raserade hus...*
>
> *Anfallet koncentrerade lyckligtvis inte mot den delen av hamnen, där vi tillsammans med flera andra svenska fartyg lågo vid kajplats... Vi fick dock vår beskärda del. På vårt fartyg hamnade fyra brandbomber vilka åstadkom eld i lasten, men det dröjde inte länge förrän vi hade lyckats släcka... ... Det var meningslöst att riskera livet i Stettin, varför vi beslöt oss för att omedelbart avsegla... ... Flera fartyg hade tagit risken, sades det, men samtliga hade min-sprängts. Vi lät oss emellertid inte nedslås ...*
>
> *...Och nu är det väl slut på seglationen?*
>
> *Ja för min del var det sista resan på tysk hamn under det här kriget..."*

Jag är övertygad om att min Biggles var en verklig Biggles. Han var ung, kanske allt för ung, för det ansvar som kom att falla på hans axlar. Han såg också på något sätt förnäm ut. Kriget fasor träffade honom och hans familj hårt. Han var sjöman och befälhavare fram till sin pension. Mån om dem som var i hans närhet.

Alltid hängiven sitt element, sjön.

Min Biggles var en man av det rätta virket, lätt, snabb och öm.

Fortsättning följer...

10 september 2012

W. E. Johns skapade Biggles 1932.

Biggles var en person formad ur den grå massa som med sina liv som insats kämpade för sina makthavares beslut om vad de ansåg vara rätt.

Så länge kriget pågår är sanningen dessvärre lika sann för båda parterna.

Biggles blev en mytomspunnen nostalgiskt framtonad individ, symbol för allt det han inte var.

Kriget, som W. E. Johns beskriver det, var död och förintelse. Det positiva är att W. E. Johns beskriver en av dem som hade tur att överleva.

Gösta Knutsson skapade Pelle Svanslös 1939.

Pelle Svanslös visade hur farligt medlöperi är.
Men det förstod inte vi. Måns, den elaka katten, hade Bill och Bull som medlöpare. Att Måns representerade något helt annat, mycket farligare än en katt, begrep inte de vuxna och än mindre vi barn 1939.

Professorn i litteraturvetenskap Conny Svensson skriver i en, för mig, lärorik och bekräftande understreckare i Svenska Dagbladet den 31 juli 2002 med rubriken:
"Hos Svanslös kunde tyrannen avsättas"; citat:

> *"I böckerna om Pelle Svanslös smög nazistmotståndaren Gösta Knutsson in kritik mot dumhet och medlöperi, åsikter som han på annat håll fick hotbrev för. När kriget var slut och Måns lovade att vara snäll gick luften ur böckerna."*
> Slut citat.

1986 presenterade Jan Guillou spionen Carl Gustav Gilbert Hamilton i boken Coq Rouge.

Hamilton ville inte synas. Hamilton berättade för oss hur verkligheten såg ut. Till slut fastnade han dock i statsapparatens klor och blev generaldirektör för säkerhetspolisen.

Han var en idealisk chef. Ingen av hans spioner torde ha fruktat att bli förhörda om hur de genomförde sina uppdrag. Hamilton visste, han hade varit därute, och själv tänjt på reglerna.

Roades vi bara av att läsa om Carl Gustav Gilbert Hamiltons äventyr så som vi roades av Pelle Svanslös och Biggles?

Nu känner vi Gösta Knutssons hemliga agenda. Vi kan tro att W. E. Johns hade ett budskap som var djupare än följa en pojkes äventyr, att böckerna handlade om något mer än Biggles stridsflygaren.

Gösta Knutsson visade på 1940-talet hur farligt medlöperi är.

Av det har vi inget lärt. I dag kan medlöperi premieras och kallas social kompetens.

Jan Guillou öppnade mina ögon för hur makthavare med förnekanden och lögner döljer sanningar.

Makthavarna gick fria.

Nu bestämmer jag att sommaren 2012 är slut, så även sommarföljetongen.

21 september 2012

139

Det är inte bra att gå på fest med tom mage. Det är inte heller bra att resa på upptäcktsfärd utan att ha kunskap. Även om det inte är första gången turen på tu man hand går till denna ort.

En bra början är att läsa E. N. Tigerstedt: Dante Tiden Mannen. En annan bra bok är: Conny Svensson: En berättelse om två städer, Atlantis 2011.

För mig var det naturligt att börja med Tigerstedts bok.

Jorden är den minsta plats man kan leva på.

Vid en sen middag på en trattoria, tre och en halv timmars flygresa från hemma, sa patron att han 1982 var hos sin bäste väns bäste väns farbror som hade restaurang i vår hemort. Han beskrev hur fint det var. Ljusa nätter, mycket vatten, parker, och på countryside, som han kallade det, hade restaurangägaren, deras värd, sommarhus på en ö med pool, altan, sjöutsikt och bastu.

Vi såg på varandra och undrade varför vi åkt därifrån.

Det hela började mycket bra. Domen, ett mästerligt bygge genom vilket turisterna sprang i sprinterfart. Det är så mycket som skall ses när man ändå är i stan.

En kyrkobyggnad kan inte upplevas stående. Det är så många intryck som gör det omöjligt att samla dem under rörelse. Inte bara, och det är inte bara, för att bygget påbörjades 1296. Här i Domen fanns inga sittplatser.

Autobahn genom domen var snitslad med röda tjocka rep. Högsta möjliga fart. Trycket från de köande var stort.

Plötsligt såg vi två lediga sittplatser. Mannen till höger var svensk. Han sa inget men signalen var tydlig. Han hade motionsstavar i händerna

Vi konstaterade gemensamt att de gamla kyrkobyggnaderna inte står av sig själva, de måste stadgas upp. Med åldern ökas även deras midjemått. Därför sitter grova armeringsjärn mellan valvpelarna.

Vi var nöjda med att ha talat med varandra. Samtalet kretsade runt vad man skulle göra i stan. Han berättade att de

141

i går kväll varit på höjderna i söder. Det hade varit en upplevelse.

Vi berättade att vi också skulle åka ut till den platsen samt till en förort på ett berg i närheten, för det är ett måste.

Vad roligt sa de. "Det är dit vi skall i kväll."

Alla var glada. En av kvinnorna sa:

"Här är allt kultur."

En av stadens söner...

28 september 2012

Med stor tacksamhet och ödmjukhet konstaterar jag hur lycklig jag är som kan få åka en vecka till en intressant stad på tu man hand. Med ett Tu som har nyfikna spanande ögon och ett öppet sinne förankrat i verkligheten.

Giottos kampanil (klock- torn) vid domen stod färdig omkring 1560.

Leonardo da Vinci kom som barn till kampanilen och studerade freskerna. Säkert kom många av dem att betyda mycket för det begåvade barnet.

Det kändes att stå på södra sidan av kampanilen och titta på samma fresk som en gång kom att inspirera Leonardo da Vinci till ett livslångt intresse för luftfartyg.

Tänk er att stå här, fotografera fresken med en digital kamera 450 år senare. Visst det är hisnande.

Fresken beskriver Daedalus vingar med vilka han och hans son Ikaros flög ut från sin fångenskap på Kreta. Flygningen var lyckad för Daedalus, men för hans son Ikaros gick det sämre. Han gjorde som så många söner gjort förut och gör än i dag; struntar helt i sina fäders varningsrop.

143

Dante Alighieri döptes i Baptisteriet 1265.

Nu är det märkligt nog är här inte så mycket folk, "ströturister" som vi, på tu man hand.

Kupolen i dopkyrkan

Sedan Dantes tid har kyrkan förändrats, men den används så vitt jag kan förstå som Domens dopkyrka än i dag. Taket, en lysande kupol i guld med de berättelser makten ville delge folket.

Här finner vi allt från himlen till helvetet och allt från glädje till åminnelse om livets förgängelse. Hur mycket av denna prakt upplevde Dante?

Dante döptes i Baptisteriet, här under golvet. Vi sökte plattan som visar var Dante döptes. Det blev en djupgrävande noggrann undersökning. Genom galler kunde vi se hur det såg ut under golvet.

Den sista utvägen var att ställa oss mitten av dopkyrkan och verkligen undersöka varje tum av dess golv för att

144

finna platsen. Efter en stund lyckades det. Vi stod på kvadraten som med en ram utmärkt utmärkte platsen för dopbassängen för att få bästa översikt!

I kvarterskyrkan Santa Margherita ser vi en målning från 1800-talet som visar Dante och Beatrice vid kyrkdörren. Kyrkan är fortfarande som den var på Dantes och Beatrice tid.

Tankarna går till poesins, teaterns, dansens, operans och musikalens värld.

Kvinnan i Domen sa: "Här är allt kultur."

30 september 2012

En filosofie autodidakt vet att man inte kan bada i samma flod två gånger. Filosofen vet också att man inte kan komma till samma plats två gånger.

Inte nog med att det, det lilla filosofiska jaget har förändrats till det bättre eller det sämre, jaget har också blivit äldre, förväntningarna och känslomässiga uppfattningar och värderingar har också förändrats.

Venus födelse målad av Sandro Botticelli på 1480-talet var denna gång en sorglig upplevelse. Första gången såg jag Venus födelse i härligt klart lysande färger. Min tacksamhet är stor över att ha ett färgstarkt minne av besöket på "kontoret" Uffizierna för trettio år sedan.

Förmodligen är det så att färgminnet överdrev intensiteten i färgskalan.

Nu är det nya konstverk som tonar fram som ikoner att hänga upp minnet på. De blir lite fler nu eftersom vi moderniserat och organiserar vårt minne med hjälp av appar, den nya mediareligionens ikoner.

Bilder från förr som kopplar samman nutid med dåtid på ett sätt som visar att vi är kopior av det som en gång varit.

Grundstommen, människan, framstår som oförändrad. Endast livets moder, mode, fashion, har förändrats och det är det vi ser.

Studerar vi noga de stora mästarna har de förevigat oss som betraktar mästerverken.

Men då måste vi komma på tu man hand. Kommer vi i grupp har vi inte tid att stanna upp och se. För då gäller det att vara i närheten av guiden.

Tiderna förändras, med modern teknik behöver vi inte jaga den stackars guiden för att få ögonkontakt och för att höra vad guiden säger.

Guiden talar trådlöst in i örat på var och en i gruppen. Vi kan lyssna, höra, och se på något annat. Vi kan nu uppleva mer när vi går runt i en grupp.

Efter besöket på "kontoret" fick vi en sen, mycket sen lunch, fylld panini med ett glas rött, serverad ur en lucka i en vägg.

Här har Fratellini, småbröderna, haft sin verksamhet sedan 1875. Det är inte så länge mätt med stadens måttstock.

Hos Fratellini vid Via Cimatori bakom Baldia äter man på gatan en härlig lunchmåltid, sandwich och ett glas rött vin i stället för en Pucko.

Köket, ett hål i golvet, minst en våning ner. Någon trappa till köket fanns inte, det är för trångt. Allt till köket kommer genom luckan ner genom hålet i golvet på en stege och så upp igen för att tillgodose kundernas önskemål.

Fort går det. När Du väl valt fyllning hinner Du inte ta upp börsen förrän allt är klart.

När någon mästarna bakom luckan tar paus öppnas en smal dörr i disken och mästaren stiger ut på Via Cimatori omringas han av sina kunder som om han vore en Maestro.

Småbrodern njuter av situationen.

"Här är allt kultur" sa kvinnan i Domen.

2 oktober 2012

148

Kan Ni tänka Er att busshållplatserna inte har samma namn i båda riktningarna. Om bussen överhuvudtaget går i motsatt riktning. Bussen kan gå i cirkel. Nåja den följer gatorna, så en cirkel i den bemärkelsen blir det inte. Näst intill omöjligt att åka tur och retur.

Vi skulle till järnvägsstationen och steg av vid en hållplats med ett namn som vi trodde passade vårt syfte, men det visade sig vara en bra bit från vårt mål. Motion är inte skadligt i varje fall inte om man flanerar i en stad.

Att köpa biljett är ingen lätt konst. Lika svårt som att checka in på flyget i automat och få "på tu man hand"-platser. På Arlanda fanns det gratishjälp att få. Vi är bekväma och spelar gärna lite osäkra.

Hjälp fanns även i vår semestermetropol. Taxan var växelpengarna. Snabbt som en 100-meterssprinter tog mannen växeln ur skålen. Öppnade handen och bjöd oss att ta vad vi ville ha. Mannen var nöjd med betalningen och försvann snabbt för att söka nästa kund.

Marknadsekonomi när den är som bäst; små kapitalinsatser, liten risk och hög avkastning med lågt skatteuttag.

Vi åkte med ett pendeltåg, modernt, likt dem vi har i Sverige köpta från Italien.

Efter fyrtio minuter kom i tjog grabbar från skolan taggade just som skolgrabbar kan vara när skoldagen är slut. Femton år tror jag visst att de var. När pojkarna kommit in i tåget tog de mer än dubbelt så stor plats som de behövde. Flickorna, även de femton år, intog vagnen som unga kvinnor.

Skillnaden i verklig ålder mellan pojkarna och flickorna var cirka tjugo år. Det tar tid för pojkarna att komma ikapp.

Ser man på parbildning i landet kommer pojkarna aldrig i nivå med flickorna.

Pojkarna bor hemma hos mamma fram till dess de är trettiofem – fyrtio år, gifter sig sedan med en flicka som är arton. Om nu inte mamma tröttnar på dem dessförinnan och hittar någon lämplig flicka för att ta över vården av sitt barn.

Tågresan förde oss från den ena kulturstaden till den andra.

Aldrig någonsin har jag åkt ett system av rulltrappor och rullband så högt.

Torget, i form av en snäcka, såg ut som för trettio år sedan, snillrikt, fantasieggande och vackert. Torget är omgivet av restauranger i gatuplanet.

Det som fattades denna dag var ett hundratal inte inridna vildhästar, som reds barbacka av unga män. Förr i tiden gällde kampen familjens, klanens ära. Idag gäller det kanske bara äventyret.

För ett äventyr måste det vara att rida barbacka på en vildhäst runt ett torg inför tiotusen åskådare. På stentorget har man lagt ett tjockt lager hårt packad pinnmo.

Läktare med sittplats för de "besuttna".

Ett vågat äventyr att rida de vilda hästarna. Ingen vet vilket håll vildhästen tänkt springa. Vid tävlingen hindrar arrangörerna vildhästarna att springa bakåt med en grind bakom startfältet.

Alla, både hästar och ryttare, är överens om att de som överlever kampen är vinnare. Det vet vi alla som kan tala med hästar och ryttare.

Denna dag fanns inte en häst på det vackra torget.

Ingen av byggnaderna runt torget såg ut att vara byggda senare än på 1600–talet.

Domen i staden är ett under...

4 oktober 2012

På andra sidan floden norr om Piazza de´ Nerli stod åtta äldre herrar. De kan bära på minnen från den tid när de var i tio-årsåldern. Slutkampen stod här på Piazza Carmine 1944. Frihetskämparna tog ut sin segerhämnd.

Men vad kan finnas kvar i minnet hos flickor och pojkar som var med då? Alla de hatade motståndarna hann frihetskämparna inte utplåna före segerberusningen klingat av och vett och sans växt fram.

Piazza Carmine är stor och intill bristningsgränsen fylld av parkerade färglösa bilar. Vi ser det som ett bevis på att minnen av den tiden lever kvar hos samtalade männen i norra hörnet av den levande Piazzan De´ Nerli.

Här bär de äldre minnen från upplevelserna på 1940-talet.

Vid Piazza Carmines hörn mot Via Dell´ Orto visade patron att här finns något annat än minnet av det förgångna. Restaurangens uteplats omgavs av vackra färgrika blommor. Piazzans enda färger kändes befriande.

Det går inte att ta minste på att patronen tänkt, vårdat, gjort ett avslut för oss besökare innan vi lämnar piazzan.

Men den mörka sidan kommer alltid att bestå.

Vi vet det, vi känner platserna där liknade händelser sker 2012, inte alla, men tillräckligt många för att veta att det händer. Även om vi inte vet varför.

Ett härligt fat med kött på toskanskt viss blev "tuets" lunch i den lokala restaurangen där ett berusande italienskt uteliv gick av stapeln.

Smakbiten av "tuets" kött försämrade inte upplevelsen av min portion komage. Det skall sägas att bättre kött inte prövats av min gom.

Det var kanske det de menade med "primo platto" men min komage var långt ifrån en "sekunda platto".

Från de stilla kvarteren åkte vi buss in till den rusande stadens hjärta där varje meter är upptagen av oss som njuter den miljö århundradena skapat.

Äldre fötter är i behov av siesta. Det är arbetsamt för dem att bära på en nyfiken och allt för entusiastisk kropp.

Efter en siesta gick promenaden till stadens bro.

Vägen gick förbi San Corso på hypotenusan ner mot Arno förbi museum Galileo Galilei. Tanken flög genom huvudet att där borde "tuet" och jag gå in. Men museet var stängt.

Ponte Vechio kunde inte upplevas på grund av att det var allt för många där som ville uppleva den. Vi stannade på mitten, gick åt sidan där Arno breder ut sig med det toskanska landskapet som kuliss i sommardiset.

Väl värt arbetet att saxa sig fram genom folkhavet till slaktaren som tillhandahöll gott tilltugg, prosciutto, skinka och kalkon till vinflaskan som väntade vältempererad på hotellrummet.

Vad kan väl vara mer semester än att sitta lite obekvämt med en flaska rött, lite plockkött, bröd och att föra in dagens upplevelser i minnet.

"Här är allt kultur" sa kvinnan i Domen.

15 oktober 2012

Tekniken har den senaste tiden gjort stora framsteg. Vetenskapen har kommit igång med att, om inte lösa, så dock att bättre förstå livets mysterium. I rymden har vi funnit syskonplaneter till jorden.

Jag vill börja i det nära.

I mitt lokala närområde datorn; 1979, för 30 år sedan köpte jag min första dator.

Den hette Osborn och var populär i Göteborg.

Datorn hade alla funktioner som en modern dator har utom att den inte kunde kopplas samman med någon annan dator.

En stor skillnad var att datorn inte var programmerad att själv utföra de enklaste uppgifterna. Ville man bryta en rad i ett dokument skrevs <BR> i texten. Skulle någon bokstav eller något ord ha fet stil var kommandot <B> och så vidare. Även med dessa kommandon var datorn snabbare än den bästa skrivmaskinen.

Vid CERN, där vetenskapsmännen arbetar för att finna universums minsta beståndsdelar, saknade de snabb kommunikation med omvärlden för att kunna bearbeta den information de samlat in. Efter några års arbete uppfann vetenskapsmännen på CERN ett system som kunde koppla samman datorer i USA och Stockholm (KTH).

CERN hade skapat internet WWW.

Den 6 augusti 1991 publicerades den första hemsidan. 1993 publicerade jag min första hemsida med hjälp av de koder jag lärt mig genom programmen i min första dator.

Efter några år kunde skrivprogrammen i vilken modern dator som helst förvandla en text till en hemsida.

Sekreterarens arbete gick i graven. Dessa fantastiska kvinnor och män har genom denna utveckling fått möjlighet att göra insatser i samhället som bättre motsvarar deras kunskaper och ambitioner.

Förlorare på denna utveckling kan hela mänskligheten komma att bli eftersom vi överlämnar kunnandet till våra datorer och ett sårbart elnät. Utan energi till våra datorer tappar vi vår samlade, arkiverade kunskap. I nuet och i det förgångna, kanske för all framtid.

Låt oss göra två hopp; tillbaka till 1960–talet; och där ifrån fram till 2005.

Då omkring 1960, presenterade Electrolux en reklamfilm om det nya köket. Mannen i huset visade sin svärmor vilket enastående modernt hem hennes dotter hade. Hur ekonomisk han var, svärsonen, dotterns man, som investerade i utrustning för tvätt, disk, storbak och matlagning i serier för infrysning.

Allt medan mannen själv gick i köket och sög på sin pipa, räknade i sin anteckningsbok och såg stolt och manlig ut. Han visade sin svärmor alla dessa möjligheter han givit sin hustru, för att hon skulle kunna förverkliga sin kvinnliga dröm, ansvaret för man och barn.

Tvätta i tvättmaskinen, diska i diskmaskinen på samma gång som hon bakar och lagar mat med hushållsassistenten och inte att förglömma aktiverar sina barn.

Mannen visste att ge sin fru alla de hjälpmedel hon behövde för att göra livet lättare för honom. Mannen presenterades av Electrolux i kostym med väst, kvinnan i förkläde. Bil hade han också, givetvis en Folkvagn.

I en reklamfilm gjord av LM Ericsson från 1960-talets början ser vi kvinnor som sitter i långa rader. De är unga, många av dem har scarfs på huvudet. Deras arbetsuppgift är att montera innehållet i den moderna LM-telefonen med nummerskiva.

Något löpande band är det inte. Kvinnorna sitter bredvid varandra och monterar hela telefoninnehållet på ett och samma ställe. Men visst efter några timmar känns det säkert som ett löpande band. Kvinnorna övervakas av män som går mellan arbetsbänkarna. En av dem har en pipa i sin hand. Speakern berättar:

– Flinka flickor monterar telefoner på löpande band.

Nästa scen i reklamfilmen visar en lastbil, körd av en man. Speakern berättar;

– De i Gävle monterade telefonerna fraktas nu rationellt till Karlskrona för slutmontering.

Nu ser vi att män gör verktyg som användas när telefonens skall gjutas. Män som arbetar med gjutningen. Modellen är den välkända, den första, med den moderna nummerskivan. Telefonernas funktion kontrolleras, bra gissat; av män så klart.

Vi skall också minnas att vi vid denna tid knappast såg någon man ensam på promenad med familjens barn och barnvagn.

Nu är tiderna annorlunda.

2000–talet har förändrat förutsättningarna för män och kvinnor. Männen är inte numera så dominerande på arbetsmarknaden. Inte så att arbetslivet är jämställt. Men kvinnorna är generellt mer ambitiösa, mer noggrannna och mer ansvarstagande.

Förmodligen har kvinnorna högre resultat av sina studier.

Männen har möjligen mer störningar i kroppen, mer att bevisa.

Trots att männen idag tar mycket större del i ansvaret för familjen har de ännu en lång väg att gå innan man och kvinna är ett i fråga om ansvaret för det totala livet.

Alltså, det osynliga totala livet, det som sker i familjens hägn kan vara något helt annorlunda. Något har säkert pappamånaderna gjort. För inte går väl barnen omkring som skitpaket tills dess mamma kommer hem.

På ett område har mycket skett sedan 1960–talet. Nu konkurrerar männen om barnvagnplatserna i närområdets kaféer. Där sitter de, pojkarna, med sina barn i knäet och pratar med sina kompisar. Riktigt glada blir ingen förrän de sitter med ett flaskbarn på sitt knä och sin bärbara på kafébordet.

Vi som redan på 60-talet körde barnvagn på egen hand kan känna oss överträffade. Även om det var vi som var förtruppen, pionärerna. Vi saknade den lilla bärbara för att kunna jämföras med nutidens fäder.

Men vår manliga bastion är inte sårbar.

Mäns styrka är deras egen starka informella värld i;
omklädningsrummet;
duschen;
bastun;
herrtoaletten;

Det är på dessa platser de stora besluten fattas. Först när kvinnorna kräver tillträde (eller kvoteras) till denna informella värld kommer vi fram till ett likställt samhälle med bland annat; unisex omklädningsrum; unisex dusch; unisex bastu; unisex toaletten; när detta är genomfört är jorden återigen ett paradis.

159

Om vi män inte då ledsnat på vårt innehållslösa liv och dör av tristess...

...eller vad värre är, kvinnorna tröttnar på oss män och kvoterar bort oss.

Min förmåga att välja kommer också att upphöra

Jag är 77 år och blir lite upprörd för mina äldre medmänniskors situation, för egen också för den delen. Snart, mycket snart, är jag förhoppningsvis 78 år och äldre.

Visst väljer jag bort det som verkar jobbigt. Jag försöker att klara mig med det jag har. Det gick bra igår, så det skall säkert gå bra, imorgon också.

Har läst en artikel på nätet . Mycket information att sätta sig in i så det får bli lite diagonal läsning. En intressant uppgift är ingångsålder 77 år, med tillägget äldre. Förstår att några kan förskräckas av uppgiften att ... jag citerar:

> *"Endast var tionde i befolkningen som är 77 år och äldre motsvarade något så när bilden av idealkonsumenten, det vill säga de hade adekvat förmåga att hämta in och tolka information, såg och hörde bra, kunde ta sig fram utomhus och inte led av psykisk ohälsa."* Slut citat.

Ett bra resultat, att så många av dem som är över 77 år är så kapabla.

Det kan bero på att samhället är så komplext att vi inte kan ta till vara allt det goda samhället har att erbjuda oss. Det kanske inte är fel på samhället, inte på valfriheten. Möjligen kan det vara så att kommunikationen mellan samhället och dess medborgare inte fungerar.

Det kan vara viktigt för oss att skriva ett "vårdtestamente" där vi beskriver hur vi vill ha det den period i livet, när vi inte har en aning om hur vi har det.

Vi stockholmare är mycket beroende av den omsorg samhället erbjuder.

161

Enligt Stockholms Stads Utrednings- och Statistikkontor AB, USK hade jan 2011;

15 % av befolkningen mellan 75-79 år någon form av äldreomsorg

29 % av befolkningen mellan 80-84 år någon form av äldreomsorg

50 % av befolkningen mellan 84-89 år någon form av äldreomsorg

77 % av befolkningen över 90 år någon form av äldreomsorg

Vi bör nog inse att det är få av oss som kan uppleva den glassiga ålderdomen som det talas så mycket om.

Utan att vara negativa, bara realister, måste vi inse att för oss som är 77 år och äldre finns det bara en väg...

... den vägen leder till, ja ni vet.

Julen som kommersiell högtid

När jag var grabb kutade jag springpojke med blommor inför julen. Redan då på tidiga 40–talet var julen kommersiell. Taxan fastställd av mig själv:
25 öre i dricks honorerades med: "Tack"
50 öre med "Tack, God Jul"
1 krona med "Tack, God Jul och Gott Nytt År"

1940 motsvarar en krona i dagens penningvärde strax under 25 kronor. Redan när jag var liten grabb, under 10 år kände jag ett stort samhällsansvar och konsumerade mina inkomster.

På vilket sätt har jag förträngt. Klart är dock att det inte var på godis. Min veckopeng var 25 öre (6 kronor 2010) och täckte väl mina behov. För den veckolönen stod jag på avrop under hela veckan. Kom det ett skubb kunde det bli dricks och matiné på söndagen.

Möjligen kunde jag, med min mammas hjälp, köpa en flygmodell från Truedssons i Malmö. Vilka härliga tider. Och på den vägen har det alltid varit.

Nu 2011 är det än mer viktigt att vi alla tar ansvar. 1940–talets präktiga "Spara" vore 70 år senare ett hot mot hela vår välfärds existens. Nu måste vi "Slösa" med våra resurser till nytta för de mindre lottade som måste bruka samhällets vårdutbud.

Varje arbetstillfälle landets företagare kan skapa ger oss som är eller blir vårdnadstagare, bättre vård.

Det största hotet mot vår gemensamma välfärd är inte vårdgivarens vinster, oavsett om de skattas i landet eller i ett skatteparadis. Det är ett hot men inte det största.

163

Det största hotet är arbetslösheten. Varje kvinna och mans arbetande huvud och händer behövs som arbetskraft och skattebetalare för att staten skall kunna betala ut våra pensioner och ge oss den goda vård vi önskar.

Bra att julen är kommersiell.

Bra att också påsken, pingsten och midsommaren är kommersiella.

Om jag vet rätt söker Svenskt Näringsliv efter en storhelg att lägga i oktober för att även plussa på den månadens försäljningssiffror.

Gör de inte det borde de snarast starta upp projektet "Den glödande hösten".

Dessvärre är det så att samhällets utveckling och framsteg inte nödvändigtvis för med sig att varje individ nås av dess frukter. En del av oss "faller mellan stolarna."

Det är därför bra att de kommersiella insamlingsföretagen också drar stor nytta av att julen är kommersiell. Till dem kan vi som tycker oss ha det mesta konsumera bort vårt dåliga samvete.

Det är viktigt att vi inte, som i forna Sovjet, skall behöva förfalska vår statistik för att uppnå våra ställda mål eller för att kunna påvisa framsteg.

Gör livet lättare för Dig själv, för Dina barn, för Dina föräldrar och för oss alla andra; värna staten, våra banker och riskkapitalister

Rädda oss alla. Konsumera mera.

Jerusalem – Aten – Manchester

Georg Henrik von Wrights bok "Myten om framsteget", Albert Bonniers Förlag ISBN 91-0-057137-7, har satt spår.

Essayen Jerusalem, Aten och Manchester presenterades som ett föredrag och med en annan rubrik vid Kungl. Svenska Vetenskapsakademins 250-års jubileum i mars1989.

Vår västerländska civilisation vilar enligt von Wright på två stora traditioner, den grekiska och den judiska.

Från Aten har vi ärvt grekisk tro på förnuftig forskning och vetenskapens etik. Från Jerusalem har vi ärvt den judiska och senare de kristna religiösa och moraliska traditionerna.

Traditioner som än i dag, mer än 2000 år senare, utgör vårt samhälles värdegrund. Grunden är densamma, judendomen med de två utlöparna kristendomen och islam.

Dokumentation är de heliga böckerna. Torah för juden. Bibeln för den kristne. Koranen för muslimen.

En tredje värdegrund är industrialismen som representeras av Manchester.

Vår skuld till Aten är minst lika stor på tankens som på konstens område, skriver von Wright. Manchester har kommit att symbolisera tiden i mänsklighetens historia efter den så kallade industriella revolutionen.

Men industrialismen föddes inte i Manchester, den uppstod i samband med urbaniseringen.

Vid denna tid, när industrialiseringen låg i sin vagga började religionerna förlora sin auktoritet i sanningsfrågor, utmanade av vetenskapen.

Religionernas värdesyn har undergrävts och att försöken finna en ny grundval i förnuftet har misslyckats menar von Wright.

Den tidiga industrialiseringen förorsakade inte några oavsedda biverkningar. En ångpanna kunde explodera, ett fartyg kunde sjunka, ett brospann brista. Men skadorna blev lokala. Endast de som var i närheten av konstruktionen kunde skadas.

Nu när vetenskapen och teknologin är internationell blir läget något annat. Företag styr forskningen att finna processer som gynnar den industriella utvecklingen.

Forskningen inriktas att täcka företagens behov, företag som till stor del betalar för målstyrd forskning. Försvarsindustrin förbrukar allt mer av enskilda länders resurser för forskning. Den medicinska forskningens resurser inriktas på att finna läkemedel för sjuka som kan betala och ge läkemedelsföretagen framtida ekonomiska vinster och patentbundna rättigheter.

Forskningen idag är mer kommersialiserad än vad von Wright förutsåg 1989.

Att ta upp alla de intressanta filosofiska tankar von Wright för fram i ämnet låter sig inte göras av en filosofisk autodidakt.

Georg Henrik von Wright visar mig en värld i vilken den industriella utvecklingen är ett potentiellt hot mot mänssklighetens överlevnad.

Vi vet i dag att arter, djur och växter försvinner. Djuret, människan, kommer inte att vara något undantag från den naturlagen. Men den tanken oroar oss inte. Trots en atom-bombs arsenal som kan förgöra vår planet många gånger om.

Georg Henrik von Wright skriver så här; jag citerar:

> *" Tanken oroar oss inte nämnvärt så länge slutet kan ses i perspektiv av hundratals återstående miljoner år.*
> *Skräckinjagande blir däremot när vi inser att slutet kan vara mycket närmare förestående: att kanske inte vi själva men i varje fall våra efterkommande inom några århundraden kan komma att bli de sista människorna."* Slut citat.

Omslagets baksida ger en god sammanfattning av boken, jag citerar;

> *" ... långt mera ansvarslöst finner jag en optimism som menar att man lugnt kan låta utvecklingen gå vidare i stort sett som förr i förvissningen om att mera forskning, ny teknik och marknads-krafternas fria spel ändå till slut skall ställa allt till rätta. Jag har ett intryck av att det är i en sådan vanmaktens optimism som regeringar sjunkit ner och i vilken de försöker söva de människor över vilka de styr.*
> *En dylik falsk optimism bör man efter förmåga bekämpa. Men jag tror inte att man kan skaka den av sig utan att först ha upp-levt den förtvivlan som ett nyktert betraktande av mänsklighetens situation enligt min mening måste driva oss in i.*
> *Kanske kunde man kalla min attityd en provokativ pessimism.*
> *Georg Henrik von Wright i "Myten om framsteget"*

Slut citat

Innehållsförteckning